陳浪第肆號作品

Into Solitude :

PHOTO DIARY

旅行的形狀
：

影　　像　　札　　記

Dedicated to the beauty in catastrophe

謹將本書獻給 2020

" Beautiful things don't ask for attention."
（眞正美麗的事物，無需引人注目）
——Sean O'Connell , a photojournalist from The Secret Life of Walter Mitty

Boundless

「 有天當我學會替社交生活畫線，懂得捨離，

能夠真正地做到保留自己後，心裡的湖泊方能無邊無際，波瀾不驚。」

Boundless
#1

雨後的天空，空氣清新，適合呼吸，無拘無束地，自由自在地。

林間小徑遍地泥濘，我並未肩起沉重的行李，步伐卻也稱不上輕盈，我只是沉默地走著，一如這大地寂靜。冬日的風拂過面龐，吹來冷冽，卻僅是點到為止，島嶼的十二月依舊無緣落雪。方才的狂亂，已在某個難以界定的時刻復歸平息，又或者，真正寧靜下來的其實是自己。抬頭望去，遠處雲霧散了又聚，看似在醞釀下一場雨。

湖泊不遠，就在附近，不必按圖索驥。循著樹林透露的微光，幾陣落葉窸窣後，山水便有如畫卷及膠卷，緩慢地攤展，播映其中景物。低飛的白鳥，搖曳的叢草，群山綿亙不盡，湖面輕泛漣漪。我的腦海裡一時間想不起姓名，也缺乏資訊，無法定義眼前的風景，這卻不妨礙萬生萬物將自己活得井然有序，彷彿從來就不需要任何人的認識或評價，情願獨自美麗。

也不是初次造訪了。

數年前我曾隨家人短暫停留於此，踩著如今想來有點煞風景的天鵝船，妄圖用最經濟實惠的方式快速飽覽風光，在留下不知所云的照片後，匆忙趕赴下個景點。那樣的觀光行為，談不上旅行，更遑論獲得心靈感召或成長體悟，我甚至不知道當時的回憶存放到了哪裡，也許僅是人生清單上一個象徵達成的彎勾，卻從未體現於我的談吐及思緒，不曾記起，根本上也已然遺棄。

陌生的情緒，其來有自，伴隨而來的疑惑，則源於隱約浮現水面的身影。

那是我嗎？是建構於社群媒體，期待被看見的我，還是埋藏於心底深處，不受待見的我？倒影裡的人，究竟是又一次外在形象的投射，抑或內在模樣的純粹反映？一時半刻難以釐清，幸好湖水足夠寬廣，應能包容我的所有疑問，況且今晚將投宿湖畔，有一整夜的時間能將自己交付大地。

說是住在湖邊，倒也不像梭羅那般，憑藉一己之力蓋起木屋，獨享長達兩年的湖濱歲月。我僅有一宿時限，還懶惰地住進設備新穎的露營車。水電充沛，如廁無虞，雖然緊依著湖泊，但周遭一切仍在錢包可解決的範圍。我並不慚愧，現代旅人在重返自然時，自然也有著現代手段。把手機調成飛航模式已經是我對於脫離文明所付出的最大努力。至少我還帶上了那本傳世經典《湖濱散記（Walden; or, life in the Woods》，不僅是種致敬，也打算在字裡行間裡尋求解答。

車旁一個搭有雨棚、掛起燈飾，且放有折疊椅的空間，看來是絕佳的閱讀角落，於是我從書中《生活的地方，與生活的目的（Where I Lived, and What I Lived For）》章節開始下手。

「時間與空間都變了，

我住的地方離宇宙中最吸引我的部分和歷史上我最愛的時代都更近了一些，

我的住處是如此遙遠，

幾乎像是天文學家在夜晚眺望的區域一樣。」

"Both Place and time were changed,

and I dwelt nearer to those parts of the universe and to those eras in history which

had most attracted me.

Where I lived was as far off as many a region viewed by astronomers."

　　我並非天文學家，但同樣熱愛觀星，可惜今晚的山湖不見獵戶和天狼，只有季風捎來的無盡雨水，和幾隻被豢養的小貓，躡手躡腳，怯生生地在身旁轉著圈。我識相地讓出幾張座位，牠們也隨即躍上而坐。畢竟這夜已深，不期待尚有訪客登門，我也並未告訴任何人自己來到哪裡。雖然稱不上離群索居，偶爾也能聽到夜晚裡格外清晰的車聲呼嘯而過，但放下了手機，試圖拉遠網路的社交距離，也盡量保持靜音。

　　接著我在《孤獨（Solitude）》篇章裡潛心研究了一段時間，試圖理解什麼叫做「全身上下只有一種感覺，彷彿周身毛孔都酣飲著喜悅（When the whole body is one sense, and imbibes delight through every pore.）」以及「觸目所及都沒有什麼特別吸引我注意的，天地萬物都很不尋常地與我合而為一（I see nothing special to attract me, all the elements are unusually congenial to me.）」

　　文章描述梭羅來到夜晚的湖岸漫步，於是我也有樣學樣，闔起書本，移動身子，走上沿湖修建的木棧道。本來睡得香甜的貓咪也偷偷地跟在身後，至於生活中那些紛擾的人事物，本該如影隨形，此刻卻意外缺席，或許是因為我已深深著迷於這片風景，而忘了在意。

　　漆黑的森林裡仍有獸鳴；厚重的雲層藏起群星，但它們依舊在那裡，放著如出一轍的光，是不需透過天文望遠鏡，不用跳躍時空都能感知的存在。湖泊在夜晚同樣平靜，即使幾乎無法望見，它卻早已不知何時地流入身體，溶漾心裡，用其徐緩的波紋，撫平一切躁動，填補所有坑疤。我為了答案而來，但湖水從未正面回應，到最後我竟直接丟失那些問句 ── 在天地面前，它們有多麼渺小，多麼庸人自擾。

　　儘管我還是徬徨，對於自己能否航向順利的一生，也缺乏自信保持此刻的心境澄明，但我知道的倒也不少。知道大地不會因為旅人的躞步而停止生長，該燦爛的、該汰換的，自有節奏。季節也許是人所命名，卻不是人所發明。規律早於文明誕生，而我們所制定的教條準則，充其量只是一種延伸，是自欺欺人的詮釋，束縛我們對於生活本質的想像。不存在於社交媒體，不設限於營業時間，真正美麗的事物，在不需聲名遠播，不需譁眾取寵的年代，就已開始美麗。

　　更為重要的是，我也擁有了作者筆下那「一個美妙的夜晚（A delicious evening）」。

入睡前，又花了點時間詳讀關於《豆田（The Bean-Field）》和《村落（The Village）》的內容，並驚喜地發現自己的手機因為欠費未繳而斷網斷訊 —— 這簡直是最大的福音。

總有訊息要回覆，總有方向要辨明，總有太多其實與我何干的人們近況需要更新。同樣的遭遇要是落在城市裡，便成了禍殃，必定會焦慮不已。但此刻身處湖畔山林，真沒有什麼在意的事情，於是便心滿意足地向世界道了晚安。

夢裡，我是一名作家，出版許多書籍，行旅許多城市，登上大大小小的舞臺。聚光燈下從來聽不進掌聲，噓聲卻總是直擊入耳。偶爾也會迷失，但真正偏離的不是初心，而是身旁一路相伴的朋友，看著他們逐漸離開，變成自己曾經討厭的模樣。最後，我看似抵達了本來想去的地方，卻發現那只是另個開端，而我隻身站在森林與荒原的邊緣，無論回頭或續行，道路都又遠又長。

一個虛實難辨、左右為難的夢，最終消逝在蟲鳴鳥叫裡。

早晨甫至，天剛明亮，整夜未歇的雨水總算消停，於是我推開車門，再次朝湖邊走近。

伸著懶腰，忍不住打起陣陣呵欠，卻是期待已久，前所未有的清醒。

Boundless
#2

又回到樹林裡，趁著四周靜謐，我走上湖濱步道，打算繞行一圈。

聽說梭羅特別喜歡用 saunter 一詞形容漫步，他相信此字來自「聖地」的法文（à la Sainte Terre），而步行有時就如同專注的朝聖，步履需虔誠，方能持續推進，並將身心靈逐步喚醒。雖然後來的語言學家並不認同這種說法，但誰在乎呢？此刻眼前一片山水靜寂，而我擁有大把晨光，何必糾結於一個單字的今生前世。相比之下，反倒更好奇究竟是哪個小動物正在一旁的樹叢裡鬼祟地撥弄著。若有似無的身影，不知是天性害羞，還是後天養成的警戒心？

出發前，我精簡行囊，將傘留在露營區，僅帶上相機。

只因為擅自認定早晨的天空恬淡寡慾，無意落雨。然而事實證明，我又不經意地代入了人類的情緒，試圖參透大自然的運行。倘若沒有雨，此刻我怎會有幸駐足湖畔，走進一片寧靜又美好的綠意？雨水茁壯了樹林，樹林替行人擋雨，我們不斷地在旅途中抱怨著打亂計畫的壞天氣，卻鮮少想過途中的風景，有時就建立於不甚完美的境遇。況且，究竟是誰定義了完美？難道一場事過境遷後的釋然，一次涅槃重生後的蛻變，稱不上完美嗎？

既然下起了雨，就漫步於雨。我不願掉頭，不願趕路，因為沒有必定要前往的地方，更不厭惡這場雨。它反倒使我鎮靜，隔絕了那些隨著人們逐一甦醒，應運而起的聲音。或許因此溼透了文明的外衣，但對於大地萬物來說，卻可能是生命的契機。

若是走累了，大湖也隨時歡迎休息。於是我在路邊的涼亭裡，閒坐了一會兒。

　　雨勢漸大，迷茫起亭外的風景。氤氳繚繞，群山遙遠，彷彿相連天邊，莊嚴又神祕；早起優遊的舟筏，不再船行，而是停泊湖心，起伏不定，偶爾泛起漣漪，偶爾爲漣漪泛起。

　　忽然想起世說新語裡王子猷的故事。不敢自比，但那種乘興而來，興盡而返的心境，我亦能領會。當年在國文課堂留下的困惑，如今已透過這些年來不間斷的旅行得到釋疑，甚至令人崇尚。如此率性灑脫的個性，王子猷肯定沒少向大自然請益。

　　並不期待雨停，續行湖邊小徑。我相當樂意，用無人同行的孤寂，換來無人關注的輕盈。

　　社群媒體上充斥著各種評論，無論是發自肺腑的言語批評，抑或違背本意的溢美之詞。生活之所以瑣碎，源於太多不必要的忙碌，爲人情世故綁架，忙於認識，忙於回應，到頭來又忙於分離。日子的價值不該只拿來滋養一個終將棄你而去的人，而該用來爲自己鋪墊一條道路，接往自然，通往內心。那裡蘊藏著眞正的寶藏，足以讓你成爲富足的靈魂，那可不是圈著幾壺啤酒，一夜空談後所能獲得的箴言慧語。

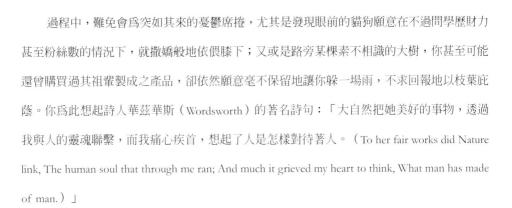

　　過程中，難免會爲突如其來的憂鬱席捲，尤其是發現眼前的貓狗願意在不過問學歷財力甚至粉絲數的情況下，就撒嬌般地依偎膝下；又或是路旁某棵素不相識的大樹，你甚至可能還曾購買過其祖輩製成之產品，卻依然願意毫不保留地讓你躲一場雨，不求回報地以枝葉庇蔭。你爲此想起詩人華茲華斯（Wordsworth）的著名詩句：「大自然把她美好的事物，透過我與人的靈魂聯繫，而我痛心疾首，想起了人是怎樣對待著人。（To her fair works did Nature link, The human soul that through me ran; And much it grieved my heart to think, What man has made of man.）」

　　無數社交媒體，看似替我們梳理人際關係，加速各種可能的相聚，實則讓生活混亂不已。呈現的形象一天比一天虛華，眞實的自己卻日漸萎靡。重視外在的緣分，忽略內在的養分，直到有天忘了攜傘出門，面對城市裡的大雨，竟手足無措地感到恐懼。害怕淋濕，更害怕因而赤裸面世的自己。

適時地走入山林吧！

　　偉大的創作家們，在相仿的年紀不約而同地寫下對社交的厭倦、對生活的渴望、對自然的嚮往。優美的字句背後，無一不傳遞著真誠的忠告。人必須親眼見證自己的微小，方能明白世間所有關於距離、時間、空間的計量單位，都難以精準地講述人與大地、萬物、宇宙之間的關係。不再想著該如何最快抵達，而是該如何樂在其中，不留遺憾地抵達，感受雨雪風霜，享受途中風光。

　　當然，我也在學習，仍在適應。

　　犯過不少錯，有過幾段孽緣，也失望於情誼的脆弱與不誠。

　　年輕的生命，看似自由的海浪，實則爲風牽引，總在錯誤的方向往復，迷戀不屬於自己的岸。但我期許自己終能成爲一座湖泊。那樣的話，再多風起雲湧，也不過翻起微瀾，而我能不動聲色，靜默地凝視水波發散，遠去，消逝，然後忘記。

　　偶爾雲霧藏起我，有時陽光露出我。不需做到遺世獨立，但有天當我學會替社交生活畫線，懂得捨離，能夠真正地做到保留自己後，心裡的湖泊方能無邊無際，波瀾不驚。

　　雨還在下，可能要延續整個早晨，甚至這個冬季。

　　離開樹林，返回營區，脫下濕膩的鞋，窩回車旁的閱讀角落，拾起昨夜未竟之章節。

　　書裡風光旖旎，天藍水碧。山湖平靜自若，如此詩意，適合漫步，適合創作，適合大膽地爲生活做一場實驗、一次無所畏懼的賭注，直至暮沉夕落，群星閃爍。

Boundless
#3

盼著一片將落之葉由綠轉紅，在故事收尾前，迎向最斑斕的篇頁。

幾乎要耗盡整個秋天，觀望並等待著，卻始終無法盼到最好的時節。

耳聞離市區不遠的山上有座百年古刹，悠遠的歷史自然吸引一眾虔誠的信徒。香火鼎盛，不分四季，但時序入秋，更是人潮洶湧，熱鬧不已——多半爲了楓葉而來。廟方在院內外種植了大量槭樹，每逢深秋，山頭轉紅，層林盡染，襯映著中式建築之美，再加上交通易達，便成爲著名的賞楓勝地。

追逐楓紅的人們，那樣的心馳神往如同信仰，倒也像是習慣。知道無論這一年過得多差多壞，該來的總是會來，該散的依舊會散。秋風按時綴紅樹葉，在飄落之前留在人們心間。大地的變化有時劇烈，有時平淡，但它總是如約而至，反倒是駐足停留的目光不一定常在。

　　日文稱之爲「紅葉狩（もみじがり）」，從字面解釋來看，「狩」字比起單純的欣賞來得更具動感，但從含義來說，卻不取狩獵之意，而泛指搜尋、尋覓、遊看、觀賞等行爲。意思廣泛，似乎也對照著人們面對楓紅時的不同心態。

　　有的人並非眞正欣賞紅葉，僅是需要它作爲拍照背景，失焦模糊倒也無所謂。有些人則視楓葉爲畫面中的主角，將鏡頭對準樹梢和葉堆，又或是拾起擺位，創造符合鏡頭與攝者心思的美。當然，也有人不拍照，不把玩，只悄然地走過，無聲地看，唯一與楓紅的接觸，便是踩過葉落時窸窸窣窣的腳步聲。

　　不是每個造訪寺廟的人都是虔誠的，也不是每雙眼都能看懂秋天的心思與巧手。美其名追楓，更多時候實爲跟風。

當然，要抓準賞楓的時機點並不是件容易的事。

早了些，樹木猶青；若晚了點，僅剩枯枝殘葉。不像冬夏，總愛氣勢磅礡地登場，秋天猶如精靈頑童，總是難以捉摸，無法預測。時節愈是爛漫，愈愛倏忽而至，不知不覺間，又已走遠。這時，社群媒體的圖文播報就能派上用場，能讓尚未出發的我們，透過他人的即時分享，得知旅行地的最新狀況。但話說回來，若在抵達前便已充分掌握風景變化，似乎也挺無趣的。少了驚喜或驚嚇，一切符合預想的旅程更讓人提不起勁。幸好老寺規模龐大，一定還有些不為人知的角落等著我去發掘。

只是沒想到幾乎要過了整個秋季，都沒在網路上見著如往年般漂亮的照片。與此同時，寺廟也公告說明，由於雨勢不歇，雖有部分楓葉轉色，但維持不易，還請有意觀賞的信徒注意時間。

據說楓葉的轉紅與氣溫降低有著緊密關聯。

隨著天氣漸趨寒冷，為了準備過冬，樹木停止將水分送往葉片。消退的綠色素，使得紅黃色素顯現，一下子便鮮豔起來。因此，當氣象預報宣布寒流來襲的那天，大夥兒都盼著降雪，我卻關心起寺廟裡的樹葉，不知道消息滯後的它們，是否已感知到了冬天。

往古寺去的公車上，乘客寥寥可數，路途開至最後，僅剩司機與我。本以為前方應是清寂的，不料停車場裡還是擠滿了人群。

搓熱手掌，呼出一口綿長，對抗寒風凜冽。爬上石階，通往主殿，首先映入眼簾的卻不是楓葉，而是數尊姿態迥異的羅漢像。楓紅太奪人眼目，幾乎要忘了這是座廟，還是座本該清幽的山廟。但撇開季節限定的嘈雜不談，不像楓葉需要挑個良辰吉時，無論好日壞日，信仰一直都在。

　　從入口處一路散步到正殿，沿途楓紅情景不盡如意，續從殿旁步道上行，往後山去。

　　寺院面積相當寬廣，除了廟宇建築外，山裡還有數座涼亭拱橋。古風古韻的景致裡，仔細地看，仍有些許丹紅未落，但更多同類都已早一步墜入泥土堆，丰采褪去，形態殘碎。看在眼裡，不免有些惋惜，但我依然蹲下身子，撿起幾片葉，將缺憾都種進心田。

　　賞完楓葉，人們便開始等待白雪，總是期待四季能給自己一成不變的生活帶來體驗。未曾想過，或許大自然也期待著人們能更顯成熟。懂得欣賞，更懂得把握，不害怕錯過。

　　拾起的落楓別具意義，就當作送給媽媽的禮物。

　　一如往常地，她隨手拿起櫃上擺放的書，將其壓入書頁，這是她的習慣，也是從小到大烙印在我記憶裡的畫面。就像她虔誠的模樣，成為了我的信仰，她曾帶我看過的風景，如今也換我帶她領略。有時無法同行，那就用相片與信物，把遠方帶到她的身邊。

「我最喜歡楓葉了。」媽媽笑著說。

家裡藏書豐富，其實這麼多年來，她早就忘了那些蒐集的楓葉被擱在哪本書裡，又被留在哪一頁。但我知道，她所細心收藏的東西，其實比那一頁頁秋天都來得更加珍貴。

Farewell
Summer

「有時只是丟失了一個夏天，但有時夏天，便是所有一切。」

Farewell Summer
Drive#1

　　九月下旬的某個早晨，醒得不早，倒也不算遲。

　　窗外湛藍的晴空似曾相識，卻是重逢久別。前陣子一連數天的反常降雨，令我心生懷疑，畢竟印象中這個夏天鮮少下雨，就連午後雷雨的頻率都感覺較往年來得少，反倒是氣溫屢屢突破新高，卻也絲毫未減節節高升的末日氛圍。

　　雨過天晴固然教人欣喜，但是否也有些事情，在雨水中悄聲地改變，甚至離去呢？

　　是夏天。

　　當我杵在月曆前，手指劃過日子，這才發現一事無成的庚子年竟已糊里糊塗地跨入秋分。

　　這讓本來稀鬆平常，毫無特別的這天，頓時變成重要的轉折點。言下之意，白天將日益縮短，夜晚將逐步奪回主導權。晝消夜長的趨勢是季節更替的徵兆，我們也將迎來涼爽的天氣和豐沛的雨水，或許對於當下的人類來說，也將帶來更多未知及恐懼。

　　當我試圖回想，盛夏卻恍若一場記憶缺漏的夢，睜開眼後便消退得無影無蹤。沒有鹹鹹海風，沒有棕櫚搖擺，更沒有無疾而終的夏日戀曲。此刻陽光明媚，看來像個最後機會。我亟需出發，沿著海邊一路向南，去彌補那些本該創建的回憶。同時，我也迫切地需要一場告別，去和這不如預期，又糟糕透頂的夏天道聲再見。

　　幾小時後，我開著租來的車，朝著濱海公路的方向前進。隨心所欲，隻身出發的Roadtrip，從不覺得孤單，反而隨著年歲漸長愈發享受。無需與旅伴尬聊彼此近況，不用忍受聽不慣的旋律。空出來的座位就邀請風景入席，空下來的時間則還給自己。

出門前，我一面想著沿途可能駛進的情節，一面仔細地安排旅行歌單。

希望 Eddie Vedder 能來，他的獨立民謠相當符合這種不快不慢的速度感；Charles William 也該在，他的音樂總能讓平凡的日子充滿儀式感；至於經典老歌的位置，就留給 Albert Hammond，希冀找回去年在大洋彼岸，那整趟公路旅行的好運；除此之外，若有幸開進一片晚霞，還得有 Lana Del Rey 作伴，畢竟夏令裡並存的歡樂與哀愁，唯有她能詮釋得當。

閱讀和音樂是旅途中的精神食糧，如果缺少了它們，再瑰麗的景致也顯得索然無味。事先的書目挑選和樂曲安排也是收拾行囊的一部分，這課題沒有詳解，得下點功夫，更著急不得，需要先對生活有著細膩的覺察及體會，方能找到自己喜歡，又適合旅行的組合搭配。

正午時分，烈日當空，乍看之下一切仍屬溽暑，但搖下車窗，外頭的風卻已捎來涼意。倘若在樹蔭下，更能深刻地體會到夏天已確實邁出遠行的步伐。

這片刻感悟，記錄著重大的發現，就像自己往往從旅途中的平淡一瞬，閃現某些問題的解答。意識到自己應該勇敢，應該離開，或許放下，才能重新開展。花草枯榮，雨水多寡，氣溫高低，這些事情看似細小，卻都承載著四時的轉變。我們日復一日地經歷相遇離別，年復一年地見證暑往寒來，總是為了生活感傷，卻鮮少緬懷季節。其實對應了情緒，四季的事，就是人間的事。

　　我們都曾對這個夏天寄予厚望，希望它的到來，能讓失序的世界步回正軌。但直至秋風漸長的今天，一切仍分崩離析，生命仍在不斷消亡。

　　流光易逝，實屬天經地義，季節儘管輕聲翻頁，有心的人依然能察覺，可面對這些本該鮮活，如今熄滅的生命，又有多少人真的在意？無用的政客，成日忙於選舉，編織起一個又一個謊言，更造就報章媒體上讀來冰冷的數據。也許我們真正該告別的，其實並不只是這個夏天。

　　說來好笑，真不該在等紅綠燈時憂國憂民，怪就怪這秒數過於久長，讓我忍不住出神，直到後方傳來凶狠的喇叭聲，一把將我拽出思考的泥淖。催緊油門，順著指示，在高架道下拐了個大彎，眼前的青山與藍海親密相連，沒有界線，那是我無比神往，卻只在夢裡出現過的世界。

　　開進匝道，接上公路，之後的旅程主題簡單又明確。

　　偶爾駛進一片工業區，建築稠密使人窒息，便加速離去，重新奔回大自然的懷抱裡。偶爾駛進整片蔚藍，就多看幾眼，記住這個終將流逝，也該流逝的夏天。

　　在心裡偷偷祈禱，期許來年再見時，我們都能更好一些。

Farewell Summer
Drive#2

開了半晌的車，意識到公路沿途的許多景致都有點身不由己。

好比方才路過的燈塔，具有百餘年歷史，在周圍建起現代樓房前便已矗立於此。鄰近的海峽變化多端，危機四伏，在科技尚不發達的時代，唯有燈塔得以使航者心安，再暗的夜也不怕，仍能行船。打從啟用起便盡忠盡職的它，在活進二十一世紀後，原先設計的功能日漸式微，更被數不清的公司工廠包圍。雖然看似突兀，現在的它卻像書冊裡的一頁往昔，曾在大洋的浪裡指點迷津，如今則在時間的浪裡傳承記憶。

燈塔並非海線上唯一標的物，往來公路間，也很難不注意到沿岸而建的風力發電機，數量密集，而特殊的沙岸地形，又讓這裡注定荒涼無比。

人們取之於風，風還之於沙，堆疊起沙丘高聳。與沙丘爭高，本就是件愚昧的事，我只得全程緊閉雙眼，在攻頂路上進退兩難。不料翻過制高點，還有新郎新娘在沙塵飛揚裡拍攝婚紗，盡力維持完美形象。這樣的畫面，這樣的努力，是想表示愛情能克服一切艱難，還是寓示愛情終將走向禍難？我不得而知，趕緊連滾帶爬地逃離。

但說來說去，最身不由己的，還是那艘聲名大噪的貨輪。

事件的起因本是場災難，但在媒體渲染下，久而久之，竟成了美麗的意外。人們對廢棄的事物總抱有幻想，平淡無奇的海岸，因為巨大的不速之客漸趨熱鬧，接著又迎來更多不速之客，只是這回直奔事故現場的，不是嗜血為樂的記者，而是潮流至上的網紅們。

船來了，就走不了，但遊客人來人往，倒鮮少見到駐足久留的步伐。沒人想瞭解背後的故事，只在乎表面視覺，這就是現在的社會。網際網路宣稱無遠弗屆，但人們的世界依然只有手機的視界。千里迢迢來看一艘船擱淺，其實自己何嘗不也在社群媒體的浪裡擱淺。

當然，我是沒資格說嘴的，畢竟我也曾揹著相機，慕名而來。猶記得當時沿著海邊走了好長一段路，才終於望見它龐大頹傾的身影，但更多震撼，還是來自於拍照的人群。

　　快速環視一圈，有穿著學士服的畢業生，有盛裝出席的新婚夫妻，還有更多年齡迥異，因為不同原因來到此地的人們，彷彿生活中每個正在經歷的重要時刻，所有情緒紀錄，都值得配上一艘破船。看著眼前的光景反思起自己，是不是也難免變得勢利？總想要從旅行身上得到什麼，透過它宣傳什麼，進而獲取什麼。捧紅了一個景點，便帶著聲量和名氣，拍拍屁股事不關己地離去。從何時開始忘記，一無所獲，也是旅行。

　　這回再來，抱持見舊友的心情，踏上本該記憶猶新，卻愈走愈不踏實、備感陌生的海岸線，直到發現眼前寫著「禁止進入」字樣的立牌，才驚覺大船已不見蹤影。原來早在幾個月前，船隻就已拆卸。這猝然而至的訊息令我有些落寞，但轉念一想，也樂於得知它的離去。即使結局是被拆解成無數鐵塊，船終究是離開了無端牽引住它的沙岸。

　　身不由己困住了你，最後身不由己，也成為你離去的原因。如果在很久以後的將來，又重新變回一條船，當再次經過熟悉的海峽，請記得把步伐放緩。我只能這般溫柔地提醒，就像我曾溫柔地面對你的不告而別。

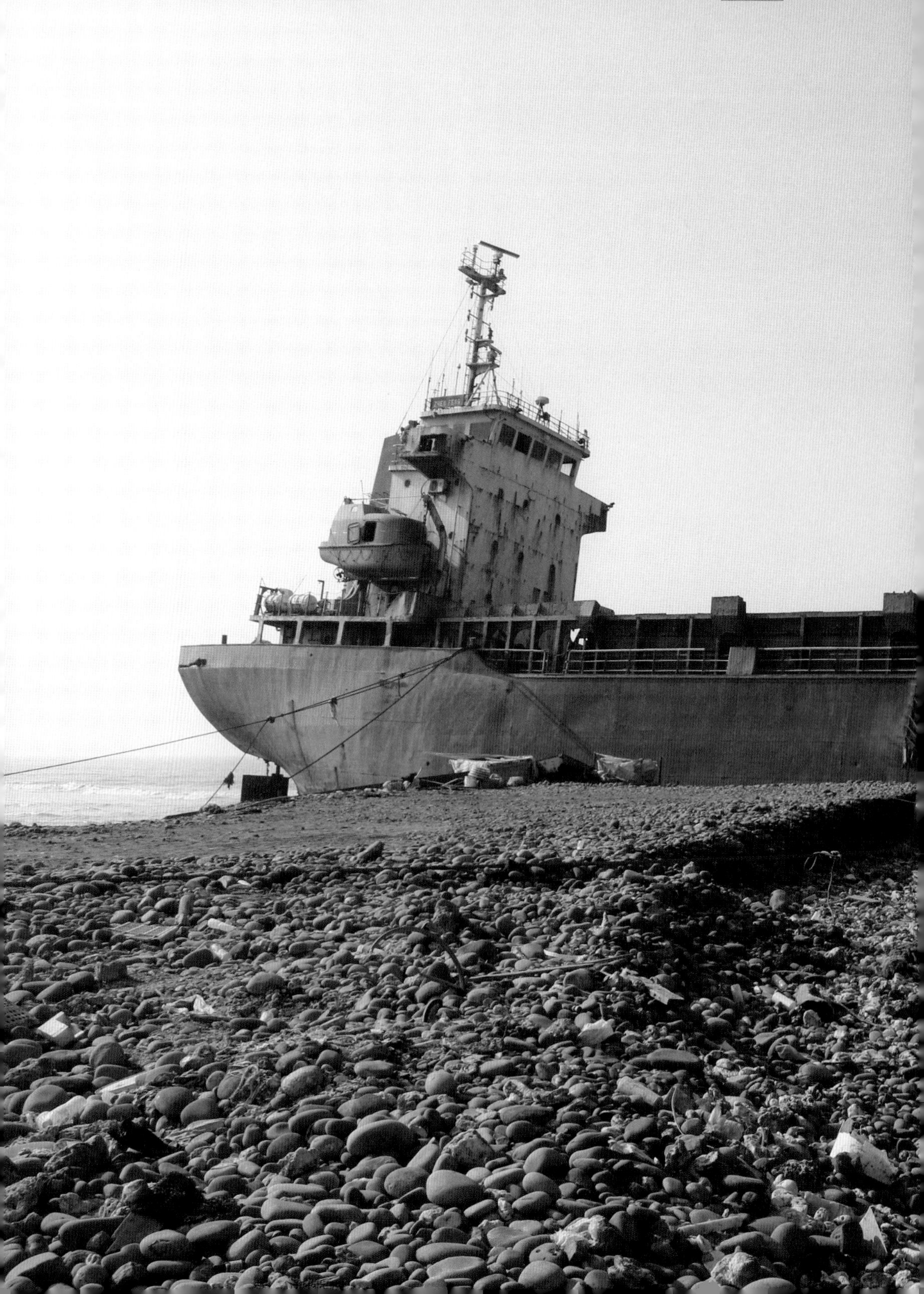

原來這趟旅行，不僅在於道別，也是歸還。

歸還那些你曾賦予的想像，也歸還那些我未曾注意，你銅牆鐵壁下

流露的無奈。如今看著一切煩擾離散，原貌重返，什麼都煙消雲散，只

留下天空和大海。

Farewell Summer
Drive#3

　　沿著濱海公路而行，或許是正值週間的緣故，並未見到多少像我這
般悠閒的車輛。

　　路途整體來說頗有秩序，不同車型，不同目的，不同心境，都在這
條大道上找到適合自己的速率。偶爾有些慌張的冒失鬼屢次打破陣型，
但並不打擾我們陪著彼此同行。走一段路，或短或長，然後在選定的交
流道各自離去。

　　規矩地遵循著最高速限，我行駛在外側車道，但心早已越過公路，
直奔右側海洋。凡事數字化已經把人生逼得太過緊張，時鐘的分秒，存
摺的多少，至少此刻讓我控制自己的儀表。不快不慢，音樂爲伴，公路
旅行的路上，我們得有點態度。

"......What's in your hand
You're pinned down to routines
Elevate and leave
The flickering screen

Where nothing is compromised
Nothing is lost
Where everything is realized
othing is crossed......"

Junip 的歌讓我想起摯愛的電影，那堪比人生導師的 Walter Mitty。忽然一個念頭欲往海邊去，便順著導航，頻繁地轉動起方向盤。駛出大路後，蜿蜒過一條比一條曲折的小徑，心裡難免有些迷惘，但地圖終究掌握在自己手上，所以始終堅信目標自在前方。反覆折騰幾陣後，大海是見著了，卻出乎意料的寂靜。

本以為是座熱鬧非凡的漁港，卻因為突堤效應，泥沙堆疊淤積而遭到廢棄。

無法提供漁船棲身之處，不再成為誰的避風港，也就被剝奪了姓名。漁港已經稱不上，充其量只是些人造物件錯落海邊。來往的誘因少了，人氣銳減，再加上地處僻遠，最終便導致現狀。假若仔細觀察，還是能發現一些片段記憶：纜樁仍繫著粗繩，破房殘牆上未完全褪盡的「鰻苗協會」字樣，在在都暗示著漁港有過的輝煌。

一個人的離去，遠走的是身體，精神卻能夠留下，繼續活在世界裡；一座漁港的逝去，倒是反了順序，先丟落了魂，徒留殘破無用的軀殼。

對於初次造訪的我來說，並不覺傷感，只是感嘆著物換星移的力量。但對於曾視之為據點，為求營生航向海洋，又被迫返航的漁民來說，那又是另種感受了。可不管人們怎麼看，對於大自然而言，這裡也僅是回到本來的模樣。也許無情，但它又有何義務要對人們講理？

不過幾小時前，我慕名前往一座據說有著大量漂流木的公園。

我預想自己能像個大藝術家，在岸邊端詳木頭的千姿百態，揣摩它們旅程的前世與未來。然而實際上，海邊什麼也沒有，偌大的海灘未見任何斷木殘枝，徒有沙礫。甚至在那座以漂流木為名的公園裡，我才是最接近漂流的物體。但這並不是誰的錯，大地從來無需滿足旅者的期待，唯有時間才是主人，支配以輪轉的四季。豐盈前是一身孑然，物極之際也必將走反，而眼前的漁港，不過正在學習失去。

漲潮時分，海水更像得了勢，本就野心勃勃的它顯得更加猖狂，不斷拍打。最靠近岸邊的空房已經岌岌可危，消逝是早晚的事。強風同時吹起狂沙，再這樣下去，看來就連通往海邊的路，最後也將形跡難覓。

一個不小心，我險些踩碎橫躺地上的酒瓶，差點引發巨大聲響，心有餘悸。

也不知道這空瓶，是酒酣耳熱後的遺留，還是滄海桑田下的消愁。當然，更有可能以上皆非，純粹是一個作家的無事生非。但連同那些生鏽的纜樁，和快為海水吞沒的破房，其實都是種紀念品，紀念著海岸的轉變，卻也不為人紀念。

時間不早了，我一向喜歡悄悄地來，悄悄地走。

因為再多喧鬧，也改變不了有些遇見，注定再續無緣。

既然後會無期說來感傷，心知肚明的話，不如我們放在心底。

都別說，就都不懂。

開進濕地時，恰巧播完 Taylor Swift 的整張 Folklore 專輯，還未能從歌曲餘韻中徹底清醒，我已經透過擋風玻璃，瞥見不遠處等待的人群，和準時揭幕的日落大戲。

Farewell Summer
Drive#4

所謂的濕地，其實並沒預想中原生態，反倒像個景觀良好的休憩公園。也許是外行人不懂門道吧，按解說牌所述，確實有兩條大河自遠山一路流淌而來，在此相遇匯集，形成濕地。更因爲水系發達，河口地形完整，成爲候鳥過境的落腳處。聽說每逢十月至隔年五月，會有多達兩百餘種鳥類，在大規模南遷時於此中停。這也難怪一下車，就看到幾位裝備齊全的攝影大哥，早已對著天空擺好鏡位，只不過主角無關夕陽，而是一雙雙能劃破餘暉的羽翼。

離開停車場，越過堤防，我發現這出海口的景致相當具有層次。

近景是片沙灘，遠景則是整排發電機組，以類別來說都算大景，雖各自壯闊，倒也各自寂寞。慶幸還有大海，用它時而波濤時而悠緩的步調，搭建舞臺，完整畫面。至於夕陽，則擔當主要情緒，在落下過程裡，傾心消弭一切事物的邊線，讓西霞燦爛裡，所有孤獨都能暫時得到圓滿。

這般景致，若只是匆匆一瞥未免可惜，於是我便找了張長椅坐下。
海風涼爽，心情舒暢，我想我可以待上很長一段時間，如同身旁幾位
行為相仿的人們，酣暢淋漓地看完整場戲。

　　坐得最靠近海邊的大叔始終側面示人，他的身姿幾近靜止，若非天上雲影變換，身後機具運轉，甚至會以爲時間在他身上已經緩慢到趨向終停。生命若是趟旅程，年邁的旅人已履過半途，該思考的不再只是趕路，而是如何放慢速度。離大叔不遠處，也有位隻身前來的女子，不發一語地面朝大海。她的摩托車就停在後方，從車輛狀況和輕便衣裝看來，這應當不是一次遠道而來的特意觀賞，眼前的風景，可能是種稀鬆平常。但日常即是無常，無常亦是日常。不管因爲什麼理由，帶著何種情緒，即便未說一句話，也沒任何眼神交錯，我們終究是在此相會，誠如河流匯聚。

　　出海口可能是終點，也可以是起點，過了這裡，生命能迎來遼闊，情節將重新翻湧。

　　無論我們是條河，還是個人，其實都在這裡尋著自己的出口。

時近日暮，開始關心起太陽的墜落。那過程總在眨眼間，起初還高掛在天，轉瞬便貼近海面，再稍不留神，便隱沒走遠，有時甚至快得來不及道別。

但從來沒有人會爲了一場日落感傷，之所以憂愁，往往關乎自我心境投射眼前光景。說穿了，感傷的不是日落本身，而是它所營造的氛圍，使我們願意在一片橘紅晚空下變得赤誠。小心翼翼的靈魂願意展示傷痂，坦露本意，將一切尖銳情想和滿腹苦水都拋諸漫天溫煦，好像夕陽是個擁抱，能包容如此不堪、卻也難得眞實的自己。

待一切結束，海邊坐立的身影開始散去。如同天色迅速地褪下華彩，穿戴黑夜，不留戀地將一幅印象派畫作塗抹至伸手不見。遺憾的是，直到最後一點光消失之前，誰也沒能盼到候鳥歸來。停車場裡的攝影大哥難掩失望，收拾好器材，發動引擎，空手而返。

但是否卸下了鏡頭，眞正的世界才要開始展現？

無人應答，濕地倒是知曉，只是此刻的它緘默無語，早已潛進漆黑，等待過客來往如約。

將車重新開回濱海公路，入夜後亮起的路燈，反而彰顯長途漫長。

我是熱愛移動的，這是我的志向，也算種自負的嚮往，只是廿載的我還學不會從容，仍會埋頭趕路，總在奮力奔逐的同時，不斷地錯過。

有時只是丟失了一個夏天，但有時夏天，便是所有一切。

Farewell Summer
Ride#1

　　我不是個喜歡比較的人，即便兩片海洋有著相差甚遠的性格。

　　事實勝於雄辯，東岸的海，確實比起西邊的海來得更加磅礡大氣，畢竟那樣的深邃和廣袤，都不是淺淺一彎海峽所能比擬。況且海峽無端背負歷史沉痛的重量，也招致太多謾罵。兩相對照之下，大洋便顯得輕鬆自在，一副事不關己的形相。

　　小小的島嶼，位居大洋一方，總習慣將它所有的忿恨哀愁，不分青紅皂白地一股腦兒全倒進海峽。久而久之，人們學會滿懷期待地望向朝陽，卻再也無法心平氣和地看盡晚霞。

　　天色晦暗的午後，把握火車出發前的空檔，我坐在杳無人煙的海灘，自顧自地把玩腳邊的石子。堆疊的石頭可以有多種含義，有時是祝福，有時是紀念，此刻不過是打發時間的消遣。

　　抬頭望去，不遠處的烏雲正逐步進逼，猜測很快將落下大雨，但在這之前，一切都正常運作。浪潮照樣湧退，海風依舊拂動，就連身後的行動咖啡車，也堅守著營業崗位。只見老闆娘獨坐在面海的長椅上，雖然眉頭緊皺，卻不著急撐起大傘，彷彿海的起伏比雨的動靜，更加值得留意。

　　這座海灘在地圖上默默無名，但只要再往南邊一些，就是名聲遠揚的日出勝地。總有許多遊客不遠千里而來，只為追逐象徵一年初始的曙光。明明望著同一片海，坐擁景致雷同，這裡卻鮮少有人造訪。看來一陣大雨，並不會趕走什麼；雨後天晴，也不能迎來什麼，怪不得一切事物都神態自若，見慣尋常。因為失去的已經太多，時不時的滂沱便無法再奪去什麼。

　　爬上來時緩坡，大海顯得更加壯闊，我轉頭向老闆娘要了杯咖啡，在鄰近一棵樹下發現幾張桌椅，簡直是欣賞海景的特等席。烏雲密布的天氣無需遮蔭，我只是想在大雨凌亂前細品片刻寧靜。

　　想起詩人泰戈爾（Tagore）所著，一首特別喜歡的短詩：

　　「大海，你在說什麼？（What Language is thine, O sea?）」

　　「亙久的疑問。（The Language of eternal question.）」

　　「藍天啊，你如何應答？（What Language is thy answer, O sky?）」

　　「永恆的沉默。（The Language of eternal silence.）」

　　這些年來，我總是不間斷地行走著，久而久之也養成了某些習慣。一個人的旅行，不再非要往人群走去，有時刻意讓孤身自己成為當下空間裡的唯一，反而擁有了與大地萬物對話的能力。看似封閉內心，其實是把更真實的自我留給那些遼闊的風景，即便無法收穫言語上的回應，卻能感覺彼此之間的聯繫，那反而是我在人際關係裡遍尋不著的一種緊密。

不消幾分鐘功夫，厚重的雲層便攜來暴雨，更藏匿起不遠處的島嶼。視線所及，只剩下灰沉沉的海，它卻沒有太多變化，陣陣海浪的弧線和頻率看來不慌不忙，似乎與一場壞天氣無關。

枝葉再繁茂，也無法攔捕每一滴見縫插針的雨。樹下是坐不住了，我倒也氣定神閒。

城裡的人們得注意了，要是不小心，一杯咖啡的時間可是能錯過很多事的。

FAREWELL SUMMER
Ride#2

我算是鐵道迷嗎？答案應當是否定的。

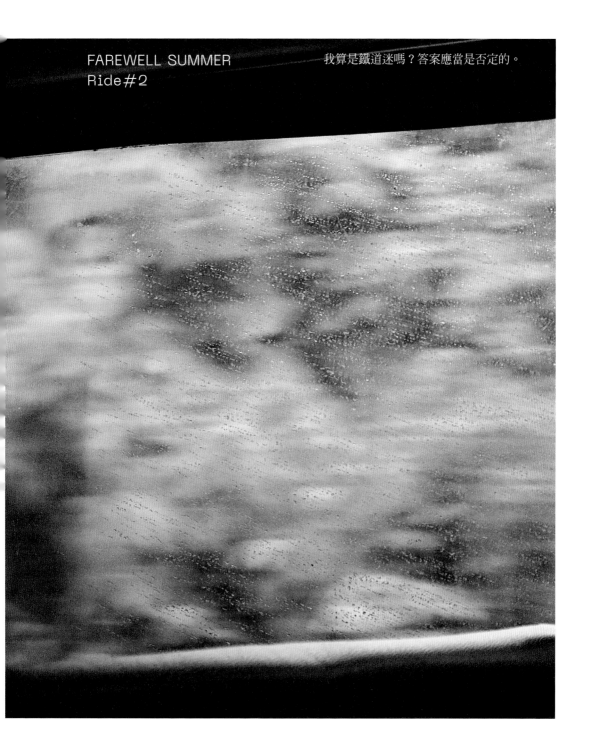

畢竟我無法精準地認出每一種火車的車型，腦袋裡也裝不進繁瑣的時刻表，更鮮少在軌道旁高舉相機，等候多時，只為捕捉它疾駛而過的身影。只是在旅行的千百種移動方式裡，我偏愛火車，不僅是因為它恰到好處的速度，更因為它的每趟出行，總是滿載著說不盡的故事。

有些火車行經的軌跡，能將無數緣分一線串起；而有些火車，本身就活成了傳奇。

好比此時此刻，在我面前的這輛藍皮列車，幾乎可以說是舊日時光的一席黃金縮影。

兀自停靠在冷清的月臺，斑駁的車身盡顯歲月蝕痕，儘管標示目的地的字牌已經殘破不堪，但所有乘客都相當清楚自己欲往何去。兩小時餘的行車時間，我們將搭乘目前仍在運營狀態中最古老的火車，穿行過尚未電氣化的鐵路，離開一片大洋的廣闊，重返一彎海峽的胸懷。

　　同站出發的乘客爲數不多，我快速地掃視身邊一圈，有些面孔滿心期待，有些身影只是單純等待。相當幸運地，多數人都集中在頭尾車廂，而我所在的位置，只有一位年邁的老先生和偶爾路過驗票的列車長，讓我能以最自在的狀態度過整趟旅程。

　　老舊的車廂裡，密集地排列著無法後倚的硬座，椅墊裡更有股難聞的塑料味。一旁過時的飲料架已經容不下現代飲料的瓶身尺寸，年久失修的廁所簡陋地令人敬而遠之。空氣沉悶，並不流通，儘管頭頂的風扇努力地運轉著，卻起不了任何作用，於是我用力推起窗戶，頓時暢快許多。

　　這些看來隨時都能被淘汰的物件，卻正是讓一切珍貴的原因。踏上藍皮火車，與其說是時光倒流，反倒更像走進平行時空，似乎在另一個無法抵達的世界裡，光陰未曾更動，萬物均保持著最初的樣態，也像座移動的博物館，一切展品皆可碰觸，亦可感受，運載著時間，也爲時間運載。

　　午後四點一刻，火車準點駛離站臺，柴油引擎轟隆作鳴，像在提醒這個快速進逼的年代，自己未曾走遠，仍恪守職責地接起兩片海，儘管步履難免緩慢。

　　南行過程裡，群山始終相伴右側，列車也同時趨近海洋，幾十分鐘的時間，已能見證島嶼豐富多變的地貌，推開窗戶，更予人一種全新視野。對於多次往返此段路程的我來說，一切並不陌生，但當沿途風物不再只是窗景流動，而是能感知到的情緒和溫度，無論那是山風細雨，抑或海聲浪花，都不再感覺遙遠。山海相連，人景相依，直到隧道迎面而來，劃破寧靜。

　　由於推開了窗，巨大的回音毫無阻擋地傳入車廂，驚醒了打盹的我。抬頭一望，不知是節約能源，還是年代久遠，車廂裡僅亮起幾盞微弱的燈，難以抗衡整片暗黑。若非震耳欲聾的聲響，一時之間，真以為列車已駛入深夜。

　　鐵道路途的一大特色便是隧道多，反覆進出之餘，亦像歷經無數白晝黑夜。輪轉之間，明滅之間，我也漸漸遺漏詞彙，無從計量時間。在這個異度空間裡，流淌而過的究竟是一分一秒，一季一年？又或者什麼都沒有逝去，我卻依然手足無措，慌慌張張地老去。

　　不斷地沉睡，又不斷地甦醒。迷惘於光陰，惶惑於定義，但在無法認知並且掌握一切的同時，仍在不停歇地移動，這似乎也更貼近了時間的本質、旅行的本意。

　　剎那間，列車又一次地離開了隧道，我倚身半開的窗臺，小心翼翼地探出身子。外頭細雨未見緩息，洋面仍是一片陰鬱，陣陣冷風不眷戀地吹散了夏天，而我又迷糊地將要拋失界線。

　　海和天，夢境和現實，全都交揉一塊，那是再次倒頭入睡前，依稀猶記的畫面。

Farewell Summer
Ride#3

列車駛離山區前，行經的隧道數量漸次減少，被群山折疊起的景致
重新展開，我也卸下用以充當耳塞的耳機，守候起窗外的夕霞。

　　同站上車的老先生早已離開，沒想到旅程來到最後，只剩下我與自己同行。空蕩蕩的車廂裡再無他人，陳舊的電扇仍嗡嗡作響，卻已不知為誰運轉。鄰座沒有遺留下來的溫度，自始至終唯有厚重的行囊。手中的愛書講述著四季更迭，我早已讀過百回，卻還是一遍遍地複習著，直到書頁脫落都還捨不得放回架上，好像帶在身邊，就更能看懂大自然一些。

　　然而，我終究是駑鈍的。那些花草樹木，山容水態，我多半分不清，只能看出孤寂──那是所有萬物生靈共同的情緒。包括藍皮火車在內，連同山林間那些無人上下的站點、頹朽的號誌牌，都是孤獨的。也許旅行的意義，說到頭來，就是能將所有孤身的事物相連串起。

　　我倒是不見怪了，並非故作堅強，只是在見證太多聚散離合後，欣然接受起每個旅人的宿命。途中的寂寞就像份惹人嫌的贈禮，有時被迫收下，不知該擺往哪裡，也只好一肩揹起。時間久了，彷彿融入自己的身體。隱隱約約的痛楚不成大事，有時反而能用來確認自己，是否還真實地存在著。

　　時近傍晚，鐵道也相當熱鬧，偶爾會遇到速度較快的車型，匆匆忙忙，奔馳而行。

　　相會的瞬間，風也狂亂，一整車陌生臉孔，隨之交錯，然後錯過，只留下鐵軌哐噹哐噹地響著，在空曠的山谷裡迴盪著，比緣分都來得長久。

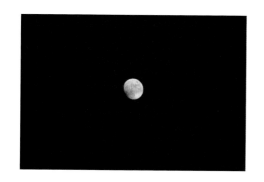

　　藍皮火車的步履不疾不徐，拉長了行車時間，反而也讓乘客在平時難以親近的山林裡待久了一點。我們並非有著大把光陰足以揮霍，而是特意選擇慢下來，在終會到站的旅途面前，真誠且慎重地活著，只為記住更多情節。

　　旅程就要結束，終點已經不遠。一個大彎後，山被留在後頭，取而代之的，是迎面而來的海洋，在余暉落盡之前，還能趕得及看上幾眼宏大的告別。

　　夕陽先是無聲無息地，隱入海峽，天邊的表演卻仍在上演。熾熱的紅，溫暖的橘，優雅的紫，幾分鐘的雲影變換，能用上一生所學關於顏色的詞彙。薄暮時分，所有的絢彩都已退散，用盡最後一絲力氣，不再情熱地高喊，而是溫柔地呢喃，歡迎回來。

　　一位擔任火車司機的朋友，在得知我搭乘藍皮的計畫後，補充說明這趟旅行的額外意義。

　　原來再過幾天，鐵路就將全線電氣化，更加快速的列車也終於能加入運載陣容，最大效益地拉近海洋與海峽的距離。據新聞所述，藍皮火車將在年底進行翻修，暫且離開公眾視線，之後或將朝向觀光列車的模式規劃。但誰知道呢？這也許又是一次後會無期的告別，只是我們都雲淡風輕地，用充滿不確定性的語言，試探著對方，說服著自己。

轉瞬間，窗外徹底暗下，這回我們真的駛進了黑夜。

城鎮的燈火次第閃爍，列車也加緊腳步，在大勢底定的分別之前，追趕著表訂的準點。我一邊收拾著座位上散落的物品，一邊懷念起這一路相伴的事物。

人有時還真是矛盾，身處荒蕪時，渴望著離開，抵達繁華時，卻又想重返那些獨身的時刻。

　　下車前，摸出口袋裡早已折皺的車票，想要將它妥善收好，卻發現背包裡已經裝載太多紀念。儘管有點羞赧，依然趁著無人注意之際，偷偷地朝藍皮火車揮了揮手。

　　這個夏天過後，或許不會再遇見了，但我也已經學會，用微笑勾銷眼淚，用祝福替代告別。

　　珍惜自己所曾經擁有的，至於失去的，也就只是失去了。

Alone in the Woods

「讓不期而遇，領著不做預期的你，
在旅途中自在穿行。走進森林的你終會發現，
其實是山林，走進了自己。」

Alone in the Woods
#1

天色尚早，雲霧未開，而我已在出發路上，逕自往樹林深處而去。

四周彌散著潮濕的氣息，昨晚山裡應當是下了場大雨，我一面踩過鋪設良好的石階，循梯而上，一面尋找遍地泥濘存在的理由。儘管它們軟爛的模樣，看似並不在乎是否有人明白其來歷，但我已經這樣做許多年了，總愛在一個人的旅途中試圖與周遭風物對話。即便它們無法言語，也不會因為相知相惜的目光咧嘴而笑，乃至鼓掌叫好，但這終究不算一場自導自演的獨角戲。只要放緩腳步，留心觀察，大自然總會在某些細微的事情上產生變化，給予回應。

這些對話用不上語言，反倒需要更多感官參與。

好比此時此刻，當我打開耳朵，便能聽見林間不作停歇的鳥叫蟲鳴。太陽還沒能來得及躍升山頭，牠們已按捺不住愉悅的心，高歌一番，搶先晨光一步，宣告大地重啟。若戴著耳機，或與同行友人一路聊天嬉戲，我或將錯過這一曲美妙的旋律，對於早晨的理解，也可能只是錶面上一次不顯眼的指針擺動，僅是一個已經發生的事實，而非真實沉浸其中，正在發生的過程。

又或者，走近一棵樹，觸摸它的軀幹，用手掌撫過那些粗獷又複雜的紋路。頓時便能明白，比起周圍那些雀躍的生命，它是更悠遠的存在——看得比我們多，長得比我們高，卻比誰都沉默。若僅是匆忙走過，我或將失去一次寶貴的機會拜師學藝，難以在盤根錯節裡發現生長的節律，在參天古木前領略自身的微渺。

那麼大自然會予以何種回應呢？

也許是一道微光，出其不意地闖入，卻穿透整片樹林，點亮了眼前的風景，讓樹枝擺動，花開葉落，甚至連泥土地上的足印都一下子變得鉅細靡遺。煙嵐雲岫，逐漸退去，生命在經過漫長的夜晚後，終於能擁抱清晰。這不單單是個美好的自然現象，儘管從科學角度分析，能解釋光線折射的角度，能闡明霧氣的成因，但從文學觀點出發，這就是緣分。像齣沒有劇本，無從排演的戲，而我們走著走著，活著活著，每個角色最後都站到了最合適的位置。

我的臺詞不多，往往只是一個眼神、一個問句，大自然卻總是傾囊相授。慶幸我已學會在旅途中敞開心胸，讓這些無聲的交流化作故事和感動，同時驅使著我，呼喚著我，再次重回山林。

繼續前進，石階就到此為止，接下來的路復歸原始。

偶爾踩過樹根充當階梯，偶爾需要繞點遠路，踏過碎裸的岩石，避開爛泥。步履之間多了份專注，移動的速度也愈趨放慢，思緒更隨之放緩。眼下的目標相當單純，就是持續爬坡，朝著標高 1212 的三角點邁進。如果可以，還要盡量地避開成群結隊的山友。

並非天性孤僻，厭倦熱鬧，我只是想揹起這份恰合時宜的孤寂，靜享一個無人聞問，倒也怡然自得的早晨。

行走的同時，陽光加熱起山間的溫度，持續攀升的高度雖不至於使人氣喘如牛，但也該是時候停下來稍事休息。手錶上計步器的數據讀來冷漠，有時回頭一望，才能實際感受走過的距離。

甫踏上背包客旅程的前幾年，心態上仍是標準的都市小夥子，追逐著嚮往，也嚮往著追逐，前方總有更高聳的塔，總有更虛華的城。趕著飛機，趕著地鐵，趕著遇見，趕著再見。未曾仔細檢視過於滿盈的行囊，生活裡只有拿起，沒有放下，所以總在路上負荷著遠超過自己所能理解的重量。

現在的我仍深愛著旅行，但不再追求無謂的抵達。學著梳理，學著減輕，也學著把握沿途每個瞬間，就算最終走入的結局不如預期，也不感失望，因爲旅程本身已是最好的饋禮。

登山其實就是這樣一個過程。有時頂端的景致不比途中的無名野花，但人們得以腳踏實地去審視自己走過的路，重新檢視那些傷疤和曾犯下的錯誤。每一次回望，都釋懷一點，都讓步一些。千山萬水行遍，總有一天能與自己和解。

　　休息夠了，起身繼續前行，理想計畫是在正午前攀抵高點，日光終究是短暫珍貴的。

　　二十七歲的自己，不老不少，卻是最左顧右盼的年紀。當身邊的朋友一個接著一個完成終身大事，符合期望地盛開；當眾人已畫起圈地，疊起堡壘，我卻還站在樹林的邊緣，思考著自己的屬性，是該深入，抑或回頭？我不願逃避，也無意叛逆，我只是想嘗試生活的另一種可能性。

　　只有選項沒有答案，這終究是一道難解的題。

　　晨光或許撥開了迷霧，迷霧卻總要回來；春風喚醒大地，冬日也將按時重返。

　　迂迂迴迴，反反覆覆，徬徨也許不會離開，但願少年心氣的自己，也永遠都會在。

Alone
in the Woods
#2

登上制高點前，有段陡長的木梯，迎面而來的山友表情落寞。迅速交換眼神後，我心裡一沉，大概料想到了接下來的結局。

果不其然，濃霧籠罩著山頭，方才的晴空萬里，已悄無聲息地改換面容，讓多天又找回它為人熟知的模樣。難道是我走得太快，使得陽光未能跟上？還是我太執著於自己的腳步，而忽略了頭頂的變化？無論如何，追悔已顯得多餘，耗時一個早晨的攀登，最後迎頭撞進整片花白，難免有些失落。

卸下背包，兩手一攤，登山果然還是得從平時廣結善緣做起，多說好話，多積攢人品。

山頂有座建制良好的觀景臺，從這裡本能縱覽山巒疊嶂，遠眺車水馬龍。如今放眼望去，不見熟悉的城市，甚至連形狀都沒有，只有無邊無際的朦朧。

前些時日正巧閱讀到作家阿蘭・德波頓（Alain de Botton）的作品，他是這般說的：「實地的旅行同我們對它的期待是有差異的，對此觀點，我們並不陌生。對旅行持悲觀態度的人，認爲現實總是令人失望。也許，承認實地的旅行和期待中的旅行之間的基本差異，這樣才會更接近眞實，也更有益。」

我不是悲觀的旅人，但也心裡明白，旅途中過多的預期心理並非好事。若一切情節如計畫般發展，對旅人來說反而只是符合期待，談不上驚喜，更遑論幸運。相反地，若旅途中意外頻發，曲折離奇，粉碎了事先的規劃，失望的情緒便會隨之浮現。這並非是要鼓勵旅者不抱期望地出發遠行，畢竟若沒有期待，有時便失去啟程的動力。然而旅人也應當深切地認知到，千萬別想著控制旅行。多半時候，旅行本體即是無可預期，尤其面對大自然這樣一個瞬息萬變的對手，想要的愈多，最後丟失的反而更多。或晴或雨，或停或行，都是遭遇，都是經歷。我們往往強調著收拾行李的重要性，而忽略了調整自己，也忘了保有一顆平常心。

下山路上，由於已經遭逢旅途中最大的挫敗，翻起波瀾的心反倒逐漸平息，我開始將注意力放在身邊不計其數的杉林。

據解說牌所述，距今約莫八十年前，爲應付當時對經濟林的需求，人們在此廣植柳杉。隨著時間推移，當年的杉木發榮滋長，成爲今天數量龐大的密林。於此同時，也有許多島嶼原生種的闊葉林蓬勃苗壯。就像樹種間的世代交替，也許再過個幾十年、幾百年，山間會重拾昔日豐富多樣的風貌，不同的樹種共同撐起一片枝繁葉茂。當然，這是我所無法見證的。短暫的生命，終究難以讀懂一片山林。起源太遙遠，改變太漫長，我們其實不比一片落葉來得長久。風一吹，該走的都得走。

然而，渺小的我們，卻比誰都愛製造八卦和喧囂，常爲這些地貌帶來不必要的困擾。

近年來，有愈來愈多私房景點，或是所謂的祕境，如雨後春筍般地在島嶼發生。這些山海景致被替換上新的名字，成爲社交媒體新寵，也帶來爆量遊客。旅行本該是件好事，但當旅途的期待不再建立於旅人發自內心的渴望或想像，而是別人施加的印象，甚至演變成一股風潮，問題便將接踵而至。那些精選角度、細修色彩、備受推崇的照片，或多或少箝制了人們對旅行地的認識。若親自造訪時的感受，不如網路呈現般美好，便是大失所望，負面品評。

但沒有一座大山、一片大洋，會因爲被發現，被命名，被記錄，而變得更加美麗。它的美麗始終都在，從來就無需關注，只留給懂得欣賞、有緣的目光。遺憾的是這年頭，有心人，比有心的人來得多太多。

人難免爲盛名所累，這是苦甜交織的雙面刃；但對大自然而言，這不過是種莫須有的罪。少一點人氣，便多一份寧靜，讓事物獨自美麗，拿掉多餘的標籤與濾鏡，還大地自由，也放我們自由。

　　真正的旅人，都該學會放低姿態，在漫途中靜靜觀察，光陰在一片綠意中培育了什麼，又抹去了什麼。每一次雲影轉換，每一回季節輪替，都造就多少盛開，也換來多少凋零。從來就沒有什麼亙古不變的事物，只有不斷延續，又獨一無二的生命。

　　就讓鏡頭停在這，只帶上一顆謙卑的心，讓不期而遇領著不做預期的你，在旅途中自在穿行。走進森林的你終會發現，其實是山林，走進了自己。

Alone
in the Woods
#3

萎凋、揉捻、解塊、發酵,乾燥、篩分,最後成品。

以為在快速瀏覽人的一生,原來只是複誦製茶流程。

　　尤其喜歡萎凋這個詞，俗稱走水，聽起來沒那麼文謅謅，指的都是同樣的事。透過靜置和攪拌，讓茶葉去除些許水分，進而帶動後續的發酵作用。可以在室外透過陽光曝晒，也能在室內利用人力或機械達成。而無論操作方式為何，都是茶葉展開長遠行旅前不可或缺的程序。

　　單純從字面解釋，萎凋聽來負面，卻至關重要。倘若少了這項步驟，便無法泡出甘醇茶湯。雖然講的是失去，但那些隨之而來的遺憾，或許也都已化成茶香，淡淡飄散。

　　茶是很文學的飲品，不僅萃釀過程能比擬人生，茶也講求韻味，不是最直接的感官刺激，卻能回味無窮，就像在一本好書裡拾起的語句，簡單數字，卻能深刻入心。

　　茶依發酵程度，概分不同類別。閱讀書籍時，也應精心挑選恰當的茶品。私心認為，詩宜佐綠茶，散文配青茶，小說則適合紅茶。要是不巧遇上清湯白水般的文筆，現代茶飲也能提供更多選項，不如就搭配花果茶，增添點風味。

　　人云：「喝茶以靜思，書香以覺想。」無論是品茗或閱讀，最終都要走向平靜。有時煮上一壺茶，只是用來提醒自己，無論做什麼事，都該慢一些，讀字如此，生活亦是。

　　茶葉，終究乃自然之物，也有著自己的習性與脾氣。不是每個地方都能種茶，但每個地方都適合品茶。北國的冬天、南方的夏天，茶葉也順應季節和文化，發展出了不同樣貌。若想溯源茶葉的旅程，除了作為出生地的茶園之外，也該到茶廠瞧瞧。

　　偌大的茶廠藏在山裡，位置有些隱密，但曾經坐擁的輝煌使它無法低調。

　　近百年的悠長歷史，走過茶葉最為興盛的年代，也遇過熊熊烈火，將一切心血燒成灰燼。重建後的廠房，初心謹記，仍在製茶。只是今天，更多空間用來作為展區，陳列起不再運轉的老機具，而建築物本身其實也是一段值得向後人敘說的往昔。

　　走上二樓，縱橫交錯的老檜桁架扛起一片天，給所有故事起了頭，至於餘韻，則留待時間去鋪排。位於中心的木架，是茶葉萎凋時的棲身之處，早年同樣以檜木製成，後期則改為塑膠網，材質的選用有所改變，但過程的重要性始終不減。為了讓空氣流通，南北牆面也設有大型風扇。當時的設計都是為了做出最好的茶，如今功成身退，木架和機具仍遺留原地，少了火力全開的運轉聲，反而多了一絲事過境遷的美。

　　一樓有間裝修樸實的餐廳，依著水池而建，面積不大，風景倒是宜人。水池中央有棵似倒非倒的枯木，不知是光陰使然，還是刻意安排，看來頗具禪意。外頭寒風砭骨，冬雨如冰，該是時候沏壺熱茶，暖胃暖心。

　　我向來不是懂茶之人，與茶的緣分不算深，但也能稱作成長過程裡熟悉的夥伴。

　　便利商店、咖啡館、學校課堂、電影院，茶總是以不同的模樣參與其中，也適時地撫平年少氣盛時，那些起伏不定又難以言明的情緒。轉眼間長大了，青春退後得很快，但尾韻一直都在。

　　有些茶之所以苦澀，是因為你一口一口地，也喝進了自己。

　　爾後回甘，不是日子變得柔順甜美，只是你懂得品嘗了。

Alone
in the Woods
#4

瀑布，是最華麗的墜落。
我常常在想，一條涓涓細流，
何以壯大成生命奔湧？

過程勢必是漫長且千錘百鍊的。儘管流水望不見傷痕，並不代表擁有一帆風順的旅程。總要先蜿蜒千里，方能傾瀉千里。那些左右彎繞，高低跌宕，都加深了河川的底氣，直到迎來盛大又壯烈的結局。

泠泠不絕裡，蓄蘊著森林與天空的記憶。瀑布，其實一直都在傾訴。

起初或許只是一滴來歷遙遠，無名的雨。隨著時間推進，落成了習慣，落盡了心緒，聚合成流。山林滋育河水，河水纏繞山林，送運著新實纍果，也送行花謝葉落。旅程裡，有銘諸肺腑的邂逅，更有難以避免的分離，以至於最後，所有積鬱太久的情緒，都奔騰而下。原來真正勇敢的靈魂，淚水也同樣強勁。

許久前，我便耳聞自宅附近的山上有座瀑布，始終沒能找到機會前往，直到某回農曆新年家人提議，大夥兒也欣然同意——用流水送舊迎新，也算討個吉利。

藏身在陰冷潮濕的林間，幸好前往的道路鋪有狀態良好的臺階，步行起來還算輕鬆愜意。瀑布規模和原先預想不同，儘管十五公尺的高度和同行相比可能僅算毛頭，但或許是有著雨季加持，壯觀也許稱不上，氣勢還是有的。

若要欣賞數量龐大的瀑布群，得驅車往山的更深處去。

如今山裡已規劃成步道完善的森林遊樂區，遊客來到這裡，不用帶上完善的登山裝備，但必須有雙好走的鞋。畢竟從園區入口處走到瀑布，還有近三公里的上坡路程，僅限步行。不過道路兩旁林木蓊蘢，能夠一邊大口地呼吸芬多精，一邊調整自己。太容易到達的風景、太輕易取得的事物，人們往往只懂評價，而不懂珍惜。耗了點時間，花了點精力，縮小自己，打開心靈，反而才是真正意義上的走進山林。

遊樂區裡主要供遊客觀賞的瀑布有兩座，樣貌有別，予人感受也迥異。

與園區同名的瀑布，高約二十尺。對面山腰的觀瀑亭，擁有最佳視線。所處的位置雖然遠了些，但也更高了點，於此眺望，方能一窺故事全貌。看著河水是如何從平靜走向轉折，最後直線下墜。這一切動作，包裹在層巒疊嶂、綠意蒼翠裡，便不覺激烈，反而風雅。

　　另一邊的瀑布，落差來得更高，氛圍也與前者大相逕庭。

　　平臺就建在瀑布正前方，要是太貼近，飛濺的陣陣水花肯定會淋得滿臉全身。不像剛才觀瀑時的一派悠閒，在這裡，大夥兒只能亦步亦趨地試探，只為找出最舒適的距離。往往一陣風起，所有努力就化為烏有，不過就算浸濕衣裳，也沒能忘記笑容。

　　周邊一個解說牌提示著眾人，愈接近瀑布，負離子含量也愈高。清新的空氣得來不易，於是我索性不掙扎了，就這樣大剌剌地走向水瀑，緊閉著雙眼，大口地深呼吸。旁人或許看我像傻瓜，但回頭一望，才發現本來緊撐著傘的一對老夫婦，竟也表情猙獰地做起伸展，真是荒唐又健康。

藝術家毛羅・科羅納（Mauro Corona）曾經這般說過：「山是那麼完美雄健，卻又是那麼遙不可及。我爬過不計其數的山，足跡甚至遠及海外，但我最愛戀的，仍然是我自己的山，那幾座我生於斯，長於斯的山。」

說實話，我常常覺得自己和土生土長的家鄉沒有連結。

或許是旅人性格使然，走過太多路途，看過太多風景，無時無刻不在遷移著、流徙著，也讓我變得如水一般，流到哪裡，都成去向。以海浪自居，卻沒有魂牽夢縈的靠岸，只有路途迢遠的彼方。我能夠清楚地指出旅程最初的起點，卻無法確切地道出歸處。

　　直到疫情席捲了世界，當所有移動被暫停，所有邊界被重立。壓抑使人無法呼吸，鬱悶令人無法清醒。渾渾噩噩地過了半年後，力求振作的我，試著從家附近重新出發，隻身前往那些不算遙遠的山林，去直面所有的脆弱與遲疑，去欣賞觀察這片既熟悉又陌生的土地。漸漸地，這痛苦的一年不再像個句號，而我也不再是從前的自己。

　　就像墜落後的瀑布，旅程並未告結。重啟後的世界，能再次接回河流，往更廣袤的海洋奔去，也可以化作水氣，回到天空無際。無論哪個方向，都沒有停滯不前，而是在停頓思索後，重新分類了生命。

　　或許是延續，更可能是嶄新，至少，都還不到結局。

Monologue

「年輕的作家，生活裡還有太多遠方，

難以停下躁動的步伐，

即使真誠地對待世界，卻害怕把心留下，

哪怕是對一個人，或是一處地方。」

Monologue
#1

　　一個旅行作家的理想是什麼？

　　若要回答這個問題，似乎無法一言以蔽之，得先將身分進行拆解。

　　對於「作家」的我來說，寫出長年暢銷，為後人津津樂道的作品，應是職涯征途的重要目標。能真正依靠才華生活，才算踏實地做到了讓天賦自由；對於「旅人」的我來說，則不免思索起旅程的盡頭，當行走大半生的旅途終要落幕，我會選擇在哪裡停下腳步？又或者旅行是否將以另一種樣態，存在於生活當中呢？

　　若改問起夢想，我倒能侃侃而談。因為夢想可以荒誕，不夠天馬行空，都對不起這個詞彙所能承載的想像。但談到理想，便更貼近現實況些，繞來繞去背後都離不開柴米油鹽醬醋茶。排列組合一切可能，只為在滿足生存條件後，摸索出某種生活之道；而夢想，則高掛天上，也許終其一生無法實現，卻更像種指引，總在夜深人靜的時候反問自己，提醒自己。

　　現階段的想法很單純，便是持續寫作，出版更多個人作品，並發自內心地為其感到驕傲。

　　猶記得甫出道時，當別人問起職業，我總愛掩飾自己是名作家。原因並非是這個身分缺乏分量，相反地，寫作是個耗時耗心力的過程，一本書從概念發想到實際出版，往往不知要度過多少糾結難眠的夜晚。然而，洋洋灑灑數萬字，也許能敘寫一則完整的篇章，卻無法詳實地交代作家的一生。讀者與作家的距離，可以很近，也其實很遠。我在著作中剖開自己，邀請你走進，很近；當闔上了書本，我所建構的旅行世界，卻可能離你的日常視界，很遠。既然連結建立於旅途中，當旅程中止，閱讀結束，可能也無人關心一個作者在著作以外的生活。因此，普羅大眾往往對於這份工作有些既定印象，甚至錯誤理解。

　　隨著著作慢慢累積，也收穫些許成績，站穩腳步後的我，依然努力旅行，也履行約定。年復一年地期待在文字裡和各位見面，大多時候分享途中風景，這回就來聊聊理想。

　　那是不僅一次，在腦海中所構築的畫面。

　　一名作家閒坐自家宅院，背倚幽靜樹林，眼望遠方海洋。身處的位置有些海拔，風景因此遼闊，卻仍然選擇躲進一片茂密，所以隱匿，更得以平寧。寓所是座上了年紀的老房，在說書人搬進來之前，故事早已開始書寫。壁面和牆角蔓延著綠意，光陰流轉之餘，也能計數大地年歲。起居空間裡，書桌和床褥同等重要，一宿好眠和創作總是關係密切。如果可以，再養些貓貓狗狗，無法語言的相伴，不用非要誰懂誰，親暱裡才能保有距離。

　　山居歲月裡，把燦爛交給季節變換，自己的日子則能歸於平淡。四季愈分明，愈能模糊創作與生活的界線。大自然本就美得像首詩，而我僅需要推開窗門，便成了詩人。

　　勾勒出的藍圖，著實令人憧憬。

　　有一回，無意間看到作家前輩在網路上分享她近期的旅程。幾張山屋泊旅的照片，完美地對應著我的想像。於是幾週後，我也來到同樣的地方，事先和負責老屋的管家約好在山城歪斜迂曲的巷弄裡碰面。

　　陰沉的天，源於季風的到來，並非適合旅行的天氣，但對於已經失去觀光客的山城來說，再遺落一些陽光和溫度倒也無妨。狹小彎繞的道路與印象中相去不遠，但走過門可羅雀的老街，則是和記憶裡完全不同的體驗。當熱鬧越了線，便成了喧囂，而如今看著當地因為疫情而顯得空寂，雖不免擔心，但能藉此重新找回屬於山城的安寧，也算不幸中的大幸。

　　與管家碰面後，他一面介紹鄰近環境，一邊領著我爬上藏身於建築旁某條隱密的小徑。不過幾步石階，便貼近了山林，而那座彷彿理想落實的老房就坐落眼前。

　　推開厚重的木門，兩層樓的空間，對於隻身前來的旅人來說是大了點。但我無暇寂寞，這個夜晚得潛心創作。交付鑰匙前，管家親切地祝福我寫作順利，說罷便離去，將這偌大的山中老房悉數留給了我。

獨處其中，若不頻頻查看鐘錶，總感覺時間似乎停止流動。

坐在窗邊的矮椅上，重新翻起席爾凡‧戴松（Sylvain Tesson）的近作。雖然此刻並未下著大雪，也無需備妥槍枝防止野獸入侵，但卻終於能讀懂他隱居遠東湖畔的感受。閱讀過程裡，忍不住打了盹，不記得是否入夢，但醒來時天色轉晴，光影如細雨灑落，復古造型的收音機慢悠悠地播著懷舊的旋律，而我沒有茶也沒有酒，卻迷醉於一場秋景，一個無人知曉的午後。

當再次來到戶外，白日已沉沒山頭。老屋前搭建的木臺延伸了視野，山城的夜得以在面前毫無保留。一座座屋舍錯落有致，亮起家燈，有些緊密相依，有些離群索居，人類的社交習性在天黑之後顯得格外清晰。往更遠的地方望去，也同樣閃爍著光。那些漂浮在海面上的漁船距離隔得太遠，教人分不清是遠航抑或歸鄉，但或許也不是那麼重要吧。

居高臨下，望著沉靜的夜，天邊星群彷若墜入山海。原來每個人、每種生活，也都是星海滄粟，微乎其微，又放著足以照耀晚空的光。

　　選擇在步程十分鐘內的茶館用餐，客家三層肉燉得軟爛，沏好的清茶飄著淡香。我並不急著飲盡，但山城的夜卻來得很快。吃飽喝足後，老闆熱情地將我送出店外，隨後便拉下鐵門，互道晚安。不到八點，街道已一片清冷，不見人影。飯後想散個步，記起管家的建議，於是走往山的另一端。從觀景臺回望，可以一覽山城全貌，以及那些沿著階梯掛起，晚風冷冽裡搖曳的紅。

　　回程路上，我拉緊外衣，緊湊地循著來時步伐返行。幾度曲折後，遠遠地就發現隱身山裡的老屋，它看似已守候多時，等著外出的行人賦歸。樹木高聳，其實藏起房子的輪廓，真正使我一眼認出的，反而是那盞出門前為自己留的燈，在夜色嫻靜裡，如此明亮。

　　年輕的作家，生活裡還有太多遠方，難以停下躁動的步伐，即使真誠地對待世界，卻害怕把心留下，哪怕是對一個人，或是一處地方。

　　理想也好，夢想也罷，或許幾十年後的自己，終於能過起年少時給自己許諾的嚮往。日子無需張揚，關注的目光或增或減，都不比花開葉落來得重要。當時間緩慢下來，生活便看得清，也留得住了。

寧靜的小鎮，偎身群嶺之中，藏住了海，卻擋不住遠道而來的風，吹上了山坡，吹進了聚落。

四季的雨將鉛華洗盡，流金歲月卻未曾真正遠離，一部分住進了記憶，一部分則湮沒漫山荒草裡。因礦業而興，也因礦業而衰，居民在離開時無力回天，只得將那些帶不走的全數還予大地。如今遺跡散布山頭，留下的斷件殘片已不足以拼回一個美好往昔，但滄海桑田面前，人們也學會抱持敬畏之心。

Monologue #2

拋開沉重的命運，小鎮還是找到了重新熱鬧的理由。

遠近馳名的博物館，如今歡迎著八方遊客，鑽進修復完成的坑道，或親眼見證重達兩百餘斤的黃金。不過今天適逢週一，展館大門深鎖，遊人稀少，心境自然也開闊不少。不用刻意躲避鬧哄哄的場面，我大搖大擺地撐著傘，漫步在起起伏伏的小鎮，並沒有什麼目標。

順著潺潺水聲，走過一座橋，驚喜地發現原來不顯眼的溪床上，堆疊起新造的地景藝術。也許昔日風華不再，但作品寓意著那些褪不去的歷史和文化，依舊是今日的礦脈。轉身爬上樓梯步道，本想找間咖啡廳歇會兒，氣喘吁吁地走至門前，卻已人去樓空，結束營業。小鎮的午後像在尋寶，有斬獲，也有失落，一如頭頂驟晴驟雨的天空。

忽然一瞬念想，決定往山上的神社去。

雖說是神社，卻也難忤逆時光洪流，今天的它早已成了一片廢墟。肉眼清晰可辨的，只剩突出於山林間的鳥居，和數根屹立不搖的石柱，如同信仰最後的倔強，孤單地肩負起後人的所有想像。通往神社的道上有著整排陡峭的石階，路不好走，又遠又長。虔誠也許失去了形狀，如今卻在每一雙探古尋幽的步伐裡，跫音迴盪。

走過僅存的鳥居，越過結界後便入了神域，但眼前破敗的景象，反倒更像人間。

山海依舊壯闊，並不隨著建築的興建或崩毀而有絲毫變動。消失的神社也僅是代表一個時代的終了；不再開發的礦山，說到頭來本就只是座山。能讓一切事物回復初始的樣貌，想來似乎也就不那麼遺憾。

正專注地在腦中拼湊神社原貌時，一位同樣手持單眼的大叔突然將鏡頭對準我，喀嚓地連拍了數張相。見我有些錯愕，他緩步地走來，輕聲說道：

「希望你不介意，但我在這裡等好久了，總覺得這幅畫面太孤獨，少了個人在裡頭。」

這番話我是同意的。

時移世變的景致面前，我們的到訪微不足道，並不能真正意義地留住什麼。但正因為身影渺小，反而給眼前的風景淒涼，添了分堅毅。

「你自己一個人嗎？」

還沒反應過來，大叔又順口問起我的來歷。

「我也是一個人，第一次來呢。」

語畢，他揮了揮手，逕自朝著神社外走去。穿過鳥居前，我也如法炮製地拿起相機，記錄下他的片刻身影。

旅途中的每次交會，無論時間長短，都有其意義。大多數的緣分，儘管稱不上銘心刻骨，但終究是透過一些眼神與話語，交換彼此的溫度。

不過問，不牽絆，平淡的相遇，就讓它留在平淡的畫面裡。

Monologue
#3

秋雨淅瀝的早晨，適合把自己藏進一間美術館。

　　展館依山而建，面積不大，卻有效地阻絕了外在動靜。水珠儘管落下，敲在簷上，也打不起任何聲響。收起了傘，一改先前的手忙腳亂，館內的氛圍讓人收斂步伐。當心態和姿態都停止慌忙，原來就連雨水的速度與形態都令我過分好奇，彷彿窗外的雨景也是件值得駐足欣賞的藝術品，而季節的表演背後，看似如出一轍，其實又蘊藏著怎樣的細節與美學。

　　回過頭來，一棵龐大的古茄苳沉木聳立眼前。深埋地底近五千年，展檯旁的幾紙說明道不盡它所擁有的過去，而我存在的時間過於短暫，它所跨越的維度也非我所能理解。

　　藝術家倒是明白它長夢初醒的掙扎，也發覺其粗獷外表下的脆弱內在，因此盡量減少切割與雕琢的工序，在保有原貌的前提下，增補情節。如今看在眾人眼裡，它可以是道拱門，可以是種太極招式，甚至什麼都不是，就只是一棵在文明誕生之前，便已見過世界的樹。藝術家僅僅參與了創作，卻從未真正地完工，留住了作品的想像空間，故事有時就交給觀者自己去說。

　　寫作也是同樣道理。甫接觸文字工作時，總執著於文章的字數和書籍的厚度，想著將途中的所有感動毫無遺漏地記錄。隨著旅途愈發長遠，作品慢慢積累，才漸漸懂得缺失的美與留白的重要性。並非收錄筆下才足以被銘記，我開始學著把一些美好留給自己，不再逐一交代，只想默默地觀察，它們是如何微小地、私密地，且真摯地在生活中產生反應。

　　美術館的二樓展區不再以古木為題，轉而擺列起大量照片，敘說著影像與雕塑間的關係。無論是布展設計，抑或用字遣詞，都頗為繁複，並不易懂，再加上忽然湧入的旅行團攪亂思緒，我只得轉身離去。看著未妥善收疊的雨傘弄得一地濕漉，雨水終究是突破了建築的防線，也連帶攜來真正的滂沱。

　　來到室外，眼前又聚集著黑壓壓的人群，正想躲避，才發現原來也是作品。

　　走近一看，雕塑形體碩大，各自握把黑色的傘。不分明的表情，掩飾著不清晰的情緒，看似雷同，又形色相異。就像在等待什麼一般，紅燈或綠燈，上班或下班，但對於一成不變，日復一日的生活來說，這又有什麼差別呢？或停或行，不為自己而活的靈魂，依舊不知該往何去。

　　迷失，不過是遲早的事，以為僥倖躲過壞天氣，其實傘下的世界一直都下著雨。

天氣看來一時半載難以穩定，秋天的脾氣鬧起來，可比戀愛關係還來得持久。

走過美術館門前一座連結園區的橋，視野頓時遼闊許多。四周群山連綿，在雲雨轉換間竟也有如浪潮，忽高忽低，伏起不定。

生活可以是幅作品，也能是片海洋，而身處其中的我們都要學著揮灑，更要學會徜徉。

Monologue
#1

回憶起大學時，一有空閒時間，就愛往海邊去。

　　喜歡搭乘班次不多的觀光巴士，事先看準時刻表，從火車站前的廣場出發，一路沿著海岸線，從起點坐到終站，看盡午後風光，最後迎頭駛進斜陽。平日乘客不多，所以總能獨享一整排空間，也奢侈地給背包留個座位，戴上耳機後，世界簡單地只剩下窗景和夢境。兩小時左右的車程，我鮮少在中途下車，司機也從不多問什麼，只是盡忠職守地開著車，載著一位素昧平生的乘客沿海而行。這些片段記憶，想來零碎，卻也或多或少開啟了男孩日後羈旅異鄉的契機。

有一回，幾乎選在最不合宜的時機點，我反常地決定下車。

當時外頭雨勢強勁，烏雲低垂像要吞噬大地。不知道是荷爾蒙作祟，還是瞬間念頭導致叛逆，我竟毫無預兆地按響了下車鈴。於是司機回過頭來，困惑地開口問道：

「你現在要下車？」

半信半疑的語調反倒使我意志堅定。

「對，我打算去爬山。」

聽聞超乎預期的答案，他沒再多說什麼，便放我下了車。

行走在幾乎要淹起水的馬路上，沒有後悔，也不期望有人理解。走了幾步路後，發現巴士竟未駛離，而是閃著車燈停在原地。大雨如注，無法看清擋風玻璃後的臉龐，我只好大力地揮起手，示意無需擔心，巴士這才離去。如今回想，那竟是我在旅行生涯中所收過，最沉默的溫柔。

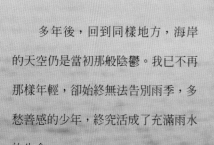

多年後，回到同樣地方，海岸
的天空仍是當初那般陰鬱。我已不再
那樣年輕，卻始終無法告別雨季，多
愁善感的少年，終究活成了充滿雨水
的生命。

　　當年執意前往的山，位於海岬之上，高度僅七十餘米，曾因軍事管制而戒備森嚴，如今規劃緩和易行的道路，走來輕鬆，老少咸宜。登頂後的視野相當寬闊，不遠處形似燭臺的海蝕柱則是當地標誌性的風景。突立於海面上，它也曾是海岬的一部分，只是敵不過海水經年累月的侵蝕，最終走向分離。保持了距離，也保有了神祕，儘管近年來盛行的水上活動，已經能讓遊客貼近觀賞，但我還是喜歡這樣，隔著大海，遠遠地望，默默地看，遵守大地其來有自的安排。

　　步行的末端是座觀景涼亭，身後還藏有一條棧道，能順著陡峭的階梯直下到海蝕平臺。過程中，稍不注意便會錯過隱沒樹林裡的碉堡殘跡，歷史並未灰飛煙滅，只是人們都太容易失憶。

　　秋天的海面颳著陣陣強風，褪去湛藍的外衣，今天的海洋看起來不太親近。選了個好位置，我席地而坐，卸下厚重的背包充當此刻的陪伴，是再普通不已的日常。這麼多年過去了，我依然走在獨自旅行的道途上。崇尚自由的心始終難以割捨；熱愛世界的心依舊毫無保留。人們時聚時離，世界斗轉星移，面對自己，似乎也只有自己未曾遠離。

　　寂寞不是本意，時間卻選擇讓我成為孤獨的人。為此，我笑中帶淚，只能感謝。

　　返程路上，巧合地又碰見當年乘搭的觀光巴士。

　　沒有刻意，也許僅是老天爺看在念舊的份上，讓回憶有跡可循，重新播映。

　　空蕩蕩的後排座位，未曾見過的司機面孔，窗外搖晃的海洋，和手機清單裡新進的歌曲。坐了半晌，濃厚睡意襲來，於是我慢慢地閉上雙眼，讓所有嫻熟和生疏的事物帶領自己。如果可以，我想再見一面那個任性的少年，還有那場午後的大雨。因為渾身溼透，所以青春過。

Monologue
#5

寫這篇文稿時,我人正在市區某間老宅咖啡店裡。

連鎖品牌的進駐,保全了舊時風貌,也使它重獲新生。身為一名作家,我喜歡刻意營造寫作氛圍,總期待像這樣帶有故事性的場域能給予創作更多靈感。然而事實上,即便是平日午後,店內依舊高朋滿座,密閉的空間放大了鄰桌的聊天聲,嘈雜地使人思緒紊雜。無奈之餘,只得戴起耳機,在 YouTube 上搜尋了好久,最後點開一首 Ambient Music。曲名「Cozy Fall Coffee Shop」讀來諷刺,明明就身處咖啡廳的我,居然還要特意聆聽咖啡廳該有的聲音。此時此刻,誰知道我有多想念那間位居海岬,隱身山坳的寧靜咖啡館。

　　那是一次美麗的相遇。

　　爬上階梯之前，我並未料到旅程的前方，這山海交界處，居然會飄起陣陣醇香。畢竟這座海岬生態原始，即使鋪有完整棧道供遊人健行，多數地區仍舊保持未開放，再加上鄰近軍事管制區，多少都讓它增添了點神祕感。沒想到因為營區閒置的問題，曾經塵封的部分區域已對外開放。舊有的營舍建築漆上亮麗的迷彩色，重新改裝並賣起飲品。只是地處隱僻，加上路途迢遠，僅能步行前來，因此知道的人不算太多。當我精疲力盡地抵達時，時候已經不早，卻仍有幸成為當天上門的首位顧客。

　　老闆娘相當親切，並未阻止隻身前來的我占據一張六人桌椅，那可是景致最佳的座位。

　　朝外望去，海岬傲立眼前，孤獨又安靜，像是大地未盡的話語。環顧四周，店裡同樣沒有過多聲音，播放的選樂簡單平淡，恰如其分。倘若推開了窗傾聽，還有隱隱約約的海浪聲，正拍打著岸，撩撥著心。

　　城市裡的一杯咖啡，其實更像張入場券。我需要能望見街景熙攘的窗邊座位，需要插座充電，需要無線網路。無論是靈感或工作，都是為了和整個世界緊密相連。面對點餐時店員的百般提問，我口味隨意，冷熱不拘，只想確保這幾百毫升的咖啡能換來一個安穩舒適的角落，讓我的泉湧文思得以書寫，更得以實現。如今，當我離開繁忙，走進大自然，卻在越過山巔後，發現這間遺世獨立的咖啡廳。做著與城市相仿的消費行為，心裡想的卻全是為了與世隔絕。

　　都會生活太容易讓人培養習慣，久而久之，習慣便禁錮起對日子的想像。看似做了很多事，說了很多話，參與其中的卻僅是軀體，至於靈魂則早已遺失，不知去向。

　　而在這樣一個前不著村，後不著店的地方，當拋開所有慣常，我卻發現自己得以專心於手中的咖啡。原來它的香氣與口感都值得細細品味，不再僅是藉由它去得到更多，而忽略了事物本身的價值。

　　上大學後，開始對追求聲光效果，劇情空洞的大製作影片感到厭倦，轉而迷上小品電影。

　　《寧靜咖啡館之歌（さいはてにて）》可能是其中最令我印象深刻，直至今日仍回味再三的佳作。除了故事帶來滿滿感動，選角也近乎完美，由喜愛的永作博美、佐佐木希兩位女演員擔綱主演。

　　有趣的是，此刻當我望向櫃檯，與劇情相似，恰好也是兩位女主人，正忙碌地打理這位處荒郊野嶺的咖啡館。旅行中的意外，有時是災難，有時是圓滿，今天則是濃醇的咖啡香。不過我想在馥郁的香味背後，肯定也隱藏著一些鮮為人知的故事吧。

　　話說回來，倒也不是對咖啡有多著迷，相反地，我偶爾在咖啡廳喝果汁的行徑還會招致朋友白眼。但我常會幻想如同電影那般，在一個遠中之遠，足以稱作天涯海角的地方開一間咖啡館，不為生意，只為療癒。那裡看似除了孤獨，什麼也沒有；但對於嚮往平靜又熱愛自然的人來說，也許那裡除了孤獨，什麼都有。

　　頂著炙熱的豔陽，重新返回路徑。依著稜線建起的棧道，忽上忽下，幾經折騰後，總算抵達高點。

　　一旁的涼亭裡坐滿了登山客，幾隻狗相互圍繞，好不熱鬧。我倚著

欄杆，吹著海風，靜靜地參與大夥兒的話題。互不相識的山友聊得相當

熱烈，看來走了這麼遠的距離，人與人之間反而沒有了距離。抬升了高

度，人們依然話著山腳下的平常，只是口吻與心態都不再緊繃匆忙，而

是風輕雲淡。

回望走過的路，方才歇腳的咖啡館已如此微小，看似不起眼，卻又是整趟旅程裡舉足輕重的情節。

也許不久後的將來，在社交媒體的推波助瀾下，將會引來更多人潮，也連帶貼上更多標籤。大家會說它孤苦伶仃，卻未曾想過有些與生俱來的寧靜，反而是最好的贈禮。

當然，我無權對一筆事業的經營有過多臆測和預期，畢竟誰不希望千客萬來，生意興隆。

我終究只是一名旅者，無意間路過，循階而下，聞香而來，從不奢望這份平靜能恆常不變。

只是在咖啡理所當然地冷掉之前，我也無可避免地，開始想念。

Monologue
#6

　　4:30AM，開著租來的車，前往島嶼極東點。我強作精神，不讓睡意自嘴邊洩漏太多。

　　東方將曙，仍遍尋不著半點光。道路暗得教人方向難辨，幸好有路燈善意提醒，讓我一路跟著海岸蜿蜒，蒼茫在夜裡，惆悵在心裡。時速六十，對於凌晨來說似乎慢了些，總有貨物滿載的卡車，不耐煩地加速越過。我並不介意，我見過太多趕路的人。旅行和生活，有時就像兩種平行時空，卻矛盾地頻繁交錯，誰都別評價誰，只需默默穿梭。

　　車輛雖多，卻始終不聞喇叭聲起落，看來大夥兒只急於抵達，誰也不願吵醒酣沉的夜。

　　天光自有規律，白晝總會到來，我們只需要迎接，然後把握。

　　幾年前，曾在國外的美術館有緣看過藝術家 Hans Op de BEECK 的作品「ロケーショ
ン（Location）」。在被刻意創造出來的空間裡，場景是間倚著道路而建的餐廳。時近深夜，
打烊的店裡燈光昏暗，只有收音機不斷播放著七〇年代的樂曲。欣賞這件作品時，觀者不
僅是看，更能走進店內隨意入座，成為角色，代入情緒，好像自己就是位夜路半途的過客。
望向窗外，沒有車輛來往，只有成排的燈照映彼此，把道路投射得又遠又長，卻誰也照不
亮。孤獨的餐館，等著孤獨的旅人，此時若從不同角度解讀，就堪比畫家 Edward Hopper
的著名畫作《夜遊者（Nighthawks）》。

　　有趣的是，這件作品以「位置」命名，呈現出的氛圍卻是無比茫然。角色不具名，場
景不知名，一切疑問只能姑且拋入黑夜，一切解答也只能在夜裡追尋。

　　沒緣由地，忽然就想起那件作品。

　　轉開音響，反覆聽起近期特別喜歡的歌曲。男生有把低沉的嗓子，女生本可高亢，卻
選擇壓抑，一來一往地唱著，卻沒有交集，譜出同個故事的不同結局。

5:00AM，拂曉已至，天色總算起了變化。

真沒想到最初如此絢爛。昏沉的天空泛起紫紅的光，像要沖淡積蘊的筆墨，讓眼前事物逐一顯現。原來這是座山，原來那是座島，原來夜路上一直不缺相伴，而我卻只看見自己的迷惘。

臨時起意把車停在一座廢棄建築旁，後方有輛不合群的卡車也隨之停下。只見一位年邁的司機推開車門，點起一根抽了半生的菸。一口口的朦朧裡，沒有笑容，只有星火。

6:00AM，如時抵達海岬，為著期盼已久的日出。我雖然趕上，卻還是錯過。

雲層厚重，遮蔽視線，沒能來得及摸透升起的軌跡，等到意識過來，已如此明亮。天邊的魔幻落幕後，接下來的精彩，就留待人們去表現。

「過程往往比結局來得重要。」

爬上欄杆，望向背後的燈塔和腳下的漁港，驀然意識到老生常談中極為深刻的道理。張開雙手，感覺陽光灑落身上的溫度，重生說來矯情，煥然一新更為貼近。說來有趣，在島嶼最東端還有個詼諧的體驗，只要面朝北方，便無人「能出其右」，聽來真像是種極大殊榮。

我並不沉迷掌聲，也不熱衷競爭，若能做好份內事便是種成就。

雖然不免俗地，還是爲數字綁架，畢竟只要是作品，終得面臨商業檢視。當然我可以取巧，爲了讓別人喜歡，而做起自己不喜歡的事；也可以忠於本心，寫想寫的文，說想說的話。成績也許由你評定，但位置，只有我能決定。儘管在無數的選擇裡遊走掙扎，倒也沒忘記設下的底線，便是保留一切可能。

可以出發，可以停下，可以流亡，也可以歸鄉。無疾而終地愛過幾個人，恣意而爲地換過幾座城，卻還是一遍遍地回到空無一人的海岬，只因爲這裡的吶喊，可以毫不保留，毫不懼怕。

7:30AM，一半的人醒了，一半的人又要睡去。

赫然發現這個世界其實永遠無法同時清醒。真是個無關緊要，想來卻又殘酷的原廠設定。

沒什麼特別的，自言自語，碎碎念而已。

Replacement

「走路這回事，不僅是依循前人鋪設的舊路，
更要能走出通往內心深處的新道。
相信在那裡也總有不按時令，不依規矩，自在綻開的繁花。」

Replacement
#1

雨李過於漫長，教人心灰意冷，但旅程總要繼續。

　　搭乘晨間出發的區間車，恰好映襯著自己的特立獨行。整車乘客或坐或立，都是擁擠。雙目呆滯，板起的臉孔，看似在期待某種解脫。也許是能延續一生的逃亡，也許只是一時片刻的雲遊，或許是想跨越所有因疫而起的封鎖，又可能只是淋了太長太久的雨，濕漉的心渴望暖陽。

　　等待的事物，若只是等待，那麼永遠也不會發生。這風風雨雨的一年，無論是哪個季節，都比往年來得更難熬了一些，與此同時，卻也教會我們許多課題。把握當下，珍惜生活，說來陳腔濫調，但人千萬不能小看一念之想所能帶來的改變。

　　制式的廣播聲送走制式的靈魂，在一連行經幾座忙碌的車站後，車廂也漸漸空蕩了起來。

　　區間車的好，曾不只一次在著作中論述過。簡而言之，儘管速度慢了些，我就是喜歡它那股悠悠晃晃，與世無爭的態度。對於鐵道來說，區分大站小站的，是運載的人數；但對區間車而言，無論那是十里繁華，抑或一片靜寂，只要是座車站，便有抵達的必要。儘管有時車門開閉，無人動作，但在那短暫的幾分鐘裡，車廂裡不再只有冷漠的溫度，山風和煦，海風清閒，也都加進了旅程。與其說是火車，區間車更像位恪守初心的旅者，日復一日地登門造訪，串連起島嶼上每一處僻遠的角落。

　　過了科技公司林立的園區後，窗景也隨之轉變。幾座巍峨的山撲面而來。我認不出名字，倒也無妨，目光很快便移轉到一條蜿蜒的河，在大雨瓢潑裡，比平常來得更有氣勢，也暗示著我們正逐步走回大自然主導的視覺裡。民宅建築仍在，只是不再聚集，成了零星點綴，散落在搖晃的畫面裡，偶爾模糊不清也不在意。

　　對座的一位大哥看來有些年紀，腳邊和座位擱著大量行李，正深沉地睡著，看似得坐上很長一段時間。至於我，目的地稱不上遙遠，但就以到達難度來說，也可謂其中翹楚。因為那是島上唯一一座沒有道路連接的車站，無法行車，只能靠步行，或是火車載運。

　　將車站建在如此不便之處自然有其考量，但許多人並不知道它曾被賦予的重責大任。

　　啟用迄今將近百年的它，早期曾是重要的號誌站，用以調度鐵路主線與支線。總是護送著一車又一車的乘客往來，卻鮮少有遊人在此下車。尤其當鐵路逐步改制雙軌，全線電氣化後，山中小站的功能也被取代。萬幸的是，車站依舊留了下來，並未像那些同類型的夥伴般消失於一波波的改革風潮中。

　　距離站點步行十分鐘的距離還有一座小鎮。因煤礦而興，又因礦場關閉而走向空寂。現在仍居住當地的居民不算多，小鎮就像藏在山野間一個不願醒來的舊夢。偶有幾臺高速行駛的列車穿鎮而過，也難以驚擾什麼，喚醒什麼，只能經過，也只能錯過。

　　到站時，對座的大哥仍在熟睡，我將旅途順遂的祝福放在心裡，隨後便下了車。快速地環視了一圈車廂與月臺，確定自己是這趟列車唯一載來的緣分。

　　由於山勢險峻，腹地不多，車站的部分站體建於隧道裡。空蕩蕩的月臺沒有過多裝飾，也缺乏照明。距離下班車停靠還有挺長一段時間，列車離站後也帶走了聲音，只剩下無盡的雨落。一位相當親切的站務人員見我拿著相機東拍西拍，也沒有催促或阻攔，耐心地等待我將車站樣貌詳實記錄後，才貼心地用手勢比劃往小鎮去的方向。

　　候車室的陰暗狹小令人吃驚，牆面上懸掛的空襲避難圖看似突兀，想來倒也合理。

　　好奇在沒有列車來往時，駐站的人都躲到哪去了呢？方才熱情提醒的面容轉瞬便消失無影，看來他把整座車站都交給了我，連同這份過於喧囂的寧靜。

出站後，風景依然延續著沉鬱的調性。局促的巷道，衰敗的屋舍，仍能想見曾經的模樣，無奈借來的榮華終究要還。住客搬離後，樹根便順勢遷入，崩落的樓房早已擋不住雨，建築正逐漸失去形狀。一時間我竟難以言明，猖狂的究竟是反撲的大自然，還是人們過於美好的想像？

同樣的情況也發生在鄰近的國小，或是說得再精準點，消失的學校。

廢校將近三十年，兩層樓的校舍，如今部分轉變為文史工作室，但更多空間則還給了大地。斑駁的外牆無法悉數怪罪於閒置的年歲，雨水痴纏，也難逃咎責。令人詫異的是，漆成天藍色的教室門反倒很好地保存了下來，那幾乎是小鎮裡碩果僅存，最繽紛的顏色。

校舍一角，曾是學生的休憩區域，兒童遊樂器材仍在，但下方已滿布青苔，更有數攤難以退去的積水。還稱不上荒草叢生，但也無法再接納孩童的笑語歡聲。故事若無續筆，便真的成了過去的事。

離開車站後，這一路走來完全沒有遇到任何人。

別說人了，連隻貓狗飛鳥都沒有出現在我試圖捕捉的視線裡。雖說是平日午後，儘管大雨如注，儘管大山深處，這也未免過度孤獨了點。但話說回來，我還是挺喜歡的。不會被遺忘，也不需被謹記，偶爾有人想起這座小鎮，就像疾駛而過的列車帶來風。

風能吹走葉落，也能捎來新種，故事都是這樣開始的。

Replacement
#2

山裡的寧靜若是種必然，那麼林間飄起的陣陣咖啡香，就是偶然了。

在這幾乎人影難覓的小鎮裡，居然還藏有間咖啡館，而我正是為此而來。

這趟旅行，本該發生在更早之前，只是原訂出發的那天，電視傳來土石崩落的消息。

鐵路被迫中斷，新聞也預告山區的交通將陷入黑暗期。咖啡店暫時去不成了，我倒是釋然，

反而擔心起店家的經營狀況。只見咖啡館的老闆，用淡定自若的筆觸，在臉書上發了篇貼

文，感謝四方關心，山裡一切安好，歡迎大家用其他方式前來。

兩週後，一切恢復如常，終於能完成未竟之旅。

咖啡廳果然是饒富個性的，一如老闆字裡行間的率性。從外觀來看，不過是間平淡無

奇的廢墟，但定睛一瞧，門旁放有鐵路號誌燈，牆上爬滿肆意生長的葉草，當然更有雨水

無情的蝕痕，這些都是小鎮所給予遊人的直觀印象。同時，老闆也很好地保留了建築老舊

的本體，並未更動過多事物，反倒利用氛圍，創造出一間重生的咖啡廳。

　　這樣的設計，若交通易達，肯定會變成網紅們趨之若鶩的打卡地。我並未過問老闆的家世，因此不知道這樣的選址，背後是妥協抑或堅決。也許是回到家鄉創業，或許是刻意與都市保持距離，答案我並不清楚，只知道在這樣一個陰雨綿綿的午後，有幸得以獨享整個空間。靜下心來，才能觀察到細微的布置設計，以及一隻有點害羞，總是伸著懶腰，呵欠不停的貓咪。

　　店內的飲品選項不多，但對我而言，拿鐵永遠是標配。

　　我從來就不懂得品嘗那些特選豆，儘管它們來自世界各地，感覺也有著豐富的旅行閱歷。內心總希望自己能在咖啡領域有所涉獵，但依然會在百般躊躇後，走回最安全，也最無聊的選項。某部分的我相當冒險，而某部分的我過度安逸，慶幸不是攸關生命的重大抉擇，都還只是點餐時的天人交戰。

　　環顧店內，藏書當然也是標配，在沒有客人的時候，老闆便坐在櫃檯旁的長椅，閱讀著書籍。我很喜歡這種感覺，彷彿悠閒地生活才是主體，至於咖啡，不過是緣分上門時提供過路客的一份暖意。

　　原本打算搬出筆電寫稿，但轉念一想，都大老遠跑來山裡了，我不想還要僵直身子，皺著眉頭，對著傷眼的藍光螢幕咬文嚼字。此刻只想磨合出個舒適的坐姿，翻出背包裡隨身攜帶的旅行文學，聽著店內那些語言不通的音樂，跟著作家的思緒雲遊四海。

　　離開前，注意到身後書架上一本提供來客留言的日記簿。

　　我也喜歡翻閱這些心情隨語，比起書本裡的文字，它們有時讀來更加真摯。沒有過度華麗的辭藻，沒有過多道理要談，無需交代自己是誰，只是單純地記下每個難忘，又或許其實想忘的瞬間。

「這是想和你一起來的地方，只是我們好像不適合重疊了。」

日記簿的其中一頁，記載著不了了之的愛情。閉上雙眼，我彷彿能看見一個受傷的女孩，獨自一人搭車北上，在遙遠到無法想像的咖啡館裡，第一次嘗試 espresso。不知道她能否習慣那種苦澀，還是其實她正需要一杯濃烈的咖啡來掩蓋心裡的苦。

在書寫的末尾，女孩自覺愧疚，或許她也拿走了對方心裡的某一塊，極其重要，卻又無法歸還。她試著祝福對方平安順遂，讀來卻口是心非，直至結尾都沒有見著悲傷緩解。倘若能回應，希望她也把一些祝福留給自己吧！用鉛筆寫下的話，不管有幾分真，又有幾分假，字跡總會轉淡，傷痛亦然。

「很多東西都是必然的，就像我愛你。」

日記的下一頁則是截然不同的愛情篇章。感覺是個可愛的大男孩，在仲夏時分，帶著心愛的另一半光顧咖啡店，這是他筆下那個「說了好久的約會」。店裡的其他客人和他們分享了小鎮的故事，說這裡曾經多麼熱鬧繁華，最後都隨著礦業沒落而風吹雲散。但樂觀的男孩顯然給故事下了不同註解。在注定消失的事情裡，他看見的不是消失，反而是「注定」，更相信所有遇見都是必然。最後，他還在紙頁的右上角畫下了心儀的女孩。繪圖技術不算特別好，但那應該是女孩看過最美的畫。

同樣的愛情二字，在不同人的生活裡呈現不同表述。有人用驚嘆號歌詠美好，有人用句號感傷終了，也有人對身處其中的關係打上了問號。

那是另外一個字數不多，情節卻頗具想像的故事。女孩說自己手機沒電了，以至於雖然聽聞火車鳴笛聲響，卻沒有出去拍照。女孩說下過雨後的天空很涼爽舒服。女孩說了很多自己的事，卻只簡單提到對座的男孩正忙著規劃屬於他自己的遠行。

「下次，會是和誰來呢？」

簡單幾句話，收尾在耐人尋味的話語。誰也無從瞭解後續發展，畢竟寫故事的人和聽故事的人，都只是彼此生命裡的過客。

算準返程的火車時間，動身離開前，老闆貼心地提醒：「東西都帶齊了嗎？」

我笑著點點頭，雖然沒有在日記簿裡寫下任何關於自己的語句，但我還是刻意留下了一些連自己也說不清楚的事情，在僻遠的大山、寧靜的小店裡，在這飄著咖啡香，無人打擾，雨又不停的午後時光裡。

若有天想起了，會再來取的。

Replacement
#3

　　年末將至，倒數的日子近了，再多美好都將翻篇，再多悲傷也終要消散。

　　是結束的時刻，也是重啟，人生的難點在於無法回頭，但輪轉的四季，卻又提供了單向前行的我們一個機會。過錯無法更改，但未來始終都在。當然，我們有時難免又走回犯錯的道路上，說是重新開始，最後又成了重蹈覆轍。正因如此，更該在新舊交替的此時讓自己沉澱下來，好好地審視反思，生活刻下了哪些新的傷，又癒合了哪些疤？

　　那些如春花般盛開的相遇是否已然凋零？還有多少人留在身旁，能在晚冬風寒裡伸手溫暖你？每一年總有過不去的坎，都有忘不掉的人。後來的我也逐漸培養規矩，習慣在揮別舊年之際空出時間，靜下心地去爬山走路。過程裡無論想起什麼畫面，好的回憶，就當作複習；壞的回憶，就當作預習。引以為鑑，別再犯賤。

　　今年遇上豔陽天，少了雨水的重量，連火車的步伐都感覺輕巧許多。

　　目標是條鼎鼎大名的古道，雖然路程僅需半天，但它的故事，卻已訴說將近兩百年。下車前，我仔細研究了周遭地圖，發現從車站步行至古道入口處還有近四公里的路要走。古道歷史悠久，也因芒花聞名，據說若遇上花季，為因應登山人群，會有巴士載運遊客往返兩地。不過時序已至凜冬，也不期待看見芒花盛開山頭，眼下這段路，只能自己走。

列車抵站後，站臺果然極其冷清。

鄰近的海水浴場正處淡季，往步道口去的方向也無人同行。網路建議的路徑方案有兩種選擇：一條走的是正規大路，一條則是抄了捷徑的山路。由於想趁著天光晴好盡早登高，我便不假思索地選擇行走時間略短的後者。起初，緩緩抬升的爬坡走來還算舒適。路過幾棟民宅時，豢養的家犬正舒服地沐浴在陽光下，懶腰伸盡，誰也不理。對門一位大哥正晒著棉被衣物，積鬱了大半個月的庫存，看來將會是個忙碌的上午。大夥兒都在用自己的方式，把握這難得一見的好天氣。

悠閒的腳步並未持續太久。很快地，道路便拐了彎，岔成小路。狹窄的路幅已無法行車，甚至連步行都具備難度。與其說是路，倒更像山徑。密林之中，陽光無法照到的地方布滿泥濘。有時能小心翼翼地跳石而過，有時別無他法，只得摸摸鼻子，認命地徑直向前。幾番折騰後，白鞋果然沾染不少爛泥，慶幸只是鞋底，畢竟踩在腳下的事，往往大腦也記不清。

總算接回大馬路，但仔細一算，本想抄捷徑的我最後反倒花了更長的時間。某方面來說，登山的確蘊含生活哲學。選擇彎繞，不代表會較慢抵達終點，過程或許還能收穫更多風景。幸虧這只是健行，頂多半途而返，撲空美景；對應人生，若總是來回犯著雷同的錯，損失的可就是再多懊悔也難追回的光陰了。

　　費盡千辛萬苦抵達的步道口，比想像中來得熱鬧許多。

　　這終究是條頗負盛名的古道，撇開每年秋末盛放的芒花不說，幾百年前，在交通不便的年代，要從盆地通往平原，更多時候得搭乘帆船繞海岬南下。由於海路航行具有較高風險，後來的人們便開拓出了陸路。今時今日所走，只是當年古道的一部分，卻也是保存較為完好，沒有太多更動的路段。時光荏苒，山林無語，古道途中幾座巨石刻成的碑碣，都成了先民冒險犯難歲月裡最好的證明與紀念。

　　抵達埡口前，驚訝地在鄰近山坡上發現些許芒花。數量雖然不多，盛開卻毫不馬虎。不依時節綻放，不為期許眼光，也許遲了點，慢了些，反而成為冬末蕭索裡難能可貴的生機。

　　回想起來，這一路上幾乎沒有停下腳步，一口氣地直奔這個給自己設下的中途點。

　　或許是因為這一年已經走得太慢，甚至許多時刻是裹足不前的。儘管展望未來，事情並未有好轉的跡象，但心裡的倔強也一遍遍地說服著自己。我沒有理由不去相信，路途的前方會是一片湛藍晴天。

Replacement
#4

　堨口，意指兩山相連之凹陷處，是來返群嶺的最短路徑，通常也是旅行的重要通道。

　過了堨口後，便是一路下坡，對於早期行走古道的旅人來說，無論那通往未知的前方，抑或接往熟悉的家鄉，都是必經的轉折，更能在此調適心情，迎向未來的挑戰。對於今天的遊客來說，花上半天就能攻克的路線已沒有多深奧的含義，更多人把這裡當作休息站，喝點水，閒坐會兒，順便享用從山腳下攜來的便當。若天光尚早，飽餐一頓後還能朝更高處的草原進發。

從埡口眺望，居高臨下，景致極好，實屬途中最佳。

眼前碧海萬頃，身後疊嶂重巒。山乃龐然大物，海爲遼闊之物，交會之時往往是場激烈拚搏，進而造出峭壁懸崖，刻出大地紋理，沒想到這回竟是如此溫順。平坦的交界處上坐落著民宅和鐵道，生活於此建立，也於此通過。

埡口附近還有座古樸小巧的土地公廟，在開疆闢土的年代，信仰也一路隨行，保佑無數行人客旅。正午時分，與多數遊客不同調，我並未打算岔出主路，攀登稜線。火車北返的班次已預先估算好，再加上想去鄰近的漁港晃晃，因此在廟前簡單祭拜後，便續行古道。

比起來時路，過程輕鬆許多。若不趕時間，可以選擇和緩的泥土道路，悠哉地在山裡繞著一個又一個彎；若想追趕進度，也有截彎取直的石階，雖然陡峭了點，但下山的心境本來就顯得輕盈了些。

旅程末段，還有個使我特別感興趣的地方，那便是客棧遺址。

名為客棧，實為私宅。當年舊道至此，周遭並無其他房舍，對於已經履過長途的旅人來說，若要找地方過夜，這裡便是唯一落腳處。儘管宅第面積不大，屋主依舊熱情迎接。伴隨著後期建設發展，古道在交通上的重要性迅速降低，借宿的客人也隨之漸少。宅主過世後，後代子孫決定不再提供住宿。就這樣，客棧日漸頹圮，為時間洪流淹沒，現今已看不出任何建築痕跡，僅剩下不甚明顯的地基瓦礫。

論風貌，埡口望出去的景觀遼闊，非此地所能比擬；論歷史，拾級而上所見的兩座碑碣，堪稱古蹟中的古蹟，揭示著先民篳路藍縷的努力。但這麼多年過去了，山海未有絲毫改變，石碑上的字跡仍在，唯有客棧早已不在。日轉星移，桑田滄海，長年羈旅的我並未少見。這些因人而起的事物終究也會在人去之後，風采褪盡。過程多半是漫長，且不忍卒睹的，季風每天吹去一點，雨水每天洗刷一點，至於人，也每天遺忘一些。倘若僥倖點，還能留存形跡，否則就只能留待追憶。

景物蕭索，風也清瘦，未能趕上客棧的繁華，卻仍能想像。

大紅燈籠也曾高懸門前，那是旅者跋山涉水而來，幽暗路途裡少有的光。客棧的燈也許不夠通亮；客棧的情也許不夠久長，但對於漂泊的遊子來說，或多或少能撫慰心裡的徬徨。

解說牌上寫道「壞壁無由見舊題，秋風中話盧宅」，簡明扼要地提點今日光景。大概它也知道，蕭瑟的事物，是隸屬於秋季的。儘管寒冬來得更加冷峭苛刻，但人們心裡有數，冬天到了，春光亦不遠矣。然而秋天卻恰好相反，萬物儘管斑斕，卻也預示著即將走向的衰敗。

步道末端還有間年代悠遠，香火不絕的廟宇。儘管正逢修繕，四周搭起鷹架，所幸從平臺展望的視野未有阻礙，大海就在眼前。回頭一望，見著廟內幾塊寫有「向天公借膽」字樣的立牌。

由於這趟旅程始於繁榮的城鎮，終於寂寥的海岸，因此總下意識地認為古道是種返璞歸真的過程；但對於反向出行的人們來說，想必是截然不同的心態。路的彼端是美好的未來，帶著雄心壯志出發，期許能在大城市裡闖出一片天。

向天公借膽，是廟裡流傳百餘年的習俗。當時的行人總會在古道入口處撿顆圓形石頭，帶至廟前祈求神明保佑。願長途一路平安，自己也能功成名就，榮歸故里。

　　無論何種目的，今天的人們得以更頻繁地移動來往。兩點之間建起了公路，鋪設了鐵路，在無法相連的地方也有飛機輪船。交通工具的多樣選擇使得眾人不再需要翻山越嶺、舟筏渡海，但古道依然存在，默示著我們，世界也許提了速，但生活中注定踏上的道途，還是一樣長遠，一樣險阻。

　　　而走路這回事，不僅是依循前人鋪設的舊路，更要能走出通往內心深處的新道。相信在那裡也總有不按時令，不依規矩，自在綻開的繁花。

Leave Me at Blue

「在男孩化身海浪之前，也是因為有一片海，

定義著他的起點，給予他動力，那是記憶裡永遠不可取代的蔚藍。」

Leave Me at Blue
#1

離開一座島，前往一座島，然後離開它，又重新出發。

把旅行說得如此直白又無趣，很抱歉，但當所有因其而起的情緒都消散，文字都失效，這的確就是追根究柢後的某種簡易公式。旅人總愛用各種風物、故事、格言，明示暗喻地佐證自己始終走在旅行路上，聽起來光明又正面，說服自己也鼓舞他人。然而實際上，長年行旅若能換來不間斷的相遇，其實同時便也經歷著無止盡的別離。

在習慣的書寫模式中，總愛以相遇為主題，離開是結局；倘若視角不同，觀點改變，離開倒也能是旅途的主角，至於相遇則不過是種意外的點綴，只是刻骨銘心或船過無痕的差別。

事實上，我也許是個優秀的旅人，卻不擅長道別。即便現在時光倒流，廿載的我得以重歷過往旅行中的每一次分別，我還是會搞砸，依舊會給自己留下滿腹遺憾。長大後，我當然逐漸明白起旅行的本質。既然分離是情節注定，留給我們的選擇也不多，充其量就是道別時 Adios 或 Au Revoir 的命題。可我卻總是手握繩頭兩端，擺盪不定，最後又在心裡綁起死結。

　　然而我還是一次次地前往一座島，離開一座島，不厭其煩地，不怕受傷地。

　　好比此時，距離目的地僅有十幾海里，稱不上遠行，但我依然在船行前吞了顆暈船藥。冬天的大海，已經颳起強勁的季風，日子雖看似晴朗，海面卻是波濤洶湧。航程中實在睡不踏實，迷迷糊糊間，即便戴著耳機，也難以阻絕身旁不絕於耳的嘔吐聲，隨著船隻乘風破浪的節奏此起彼落。這似乎是海島旅行命定的夢魘，我看著周遭乘客以最狼狽的姿態抵達殷切盼望的靠岸，而自己拜藥效所賜，還能像個事不關己的旁觀者，笑著對小島道聲初次見面。

　　暈浪的遊客們試圖重整腳步，船員和居民則忙進忙出，裝卸貨物。生活的奢侈與平常交集在擁擠的碼頭，都淋上一場突如其來、相當戲劇化的降雨。不消十幾分鐘，又見陽光灑落，只剩方才來不及撐傘的行人無奈地拭去臉上的水珠，喃喃自語道：「放晴就好，放晴就好。」

　　若雨水是天空的眼淚，用這樣的方式迎接來客，似乎也無可厚非，畢竟這終究是座悲傷的島。儘管沉重的往事已沉默地隨歲月封存，但在人去樓空的監獄裡，燈光幽暗的牢房中，仍有徘徊不去的嘆息。傷心的人已經不在，但四時不歇的雨水依然年復一年地流往同樣方向。那不能言語，只有讚聲的年代，也似乎正悄悄地捲土重來。

撇開歷史不談，小島也學會重拾微笑，轉而用乾淨無瑕的海洋，繽紛豐富的生態，來迎接那些渴望徜徉的潛客。大街上總是播放著活力四射的歌曲；熱鬧的酒吧裡也充滿著歡聲笑語。放慢了腳步，簡化了生活，當日子只剩下海洋和啤酒，夏天似乎就能夠無限延長。

聽膩了整夜播放的 Billboard 熱單，隔天早晨，我騎著租來的電動車沿著環島公路閒晃，意外地在一座燈塔旁發現一片寧靜的海。

島上的燈塔雖然矗立在機場旁，但前往的道路卻不好找，得在民宅巷弄裡拐過幾個彎才能抵達。燈塔年代久遠，曾毀於戰爭空襲，後又重新建起。命運多舛的它，如今仍兢兢業業地放著光，安撫著夜航人的悵惘。島嶼雖小，依舊是陸地的形狀，對於航海的人來說，還能有什麼比靠岸來得更讓人期待。

燈塔旁有片海，嚴格來說是座水潭。

環狀礁石阻擋了退潮，留住部分的海水，在陽光照射下閃耀起寶石般的色澤，那幾乎是比燈塔更為醒目的光。走近觀察，池子不深不淺，水質澄澈，忽然記起青年旅館牆面上繪製的島嶼地圖，確實在燈塔旁標註了一片適合戲水的近海，指的應該就是這兒。

然而我並不打算下水，將背包擱在一旁，倚著不知從何而來的漂流木，盯著眼前的風景發呆。

以前旅行，姿態是大鳴大放的，走遍五湖四海，為了增廣見聞，建立友誼，也樂於發掘那些不同膚色、文化、語言的人們，如何在同片天空下過著不同的生活。現在的我，依然會在旅途中坐很遠的車，走很遠的路，但更多時候心態卻是收緊的，逐漸喜歡與世界切斷聯繫。有時旅行對我而言沒有多遠大的目的，就只是想尋求清靜。困惑之際，也許旅行不能給予答案，它卻能促使我思考，使我接近答案。它從不是解方，只是條途徑，儘管那意味著旅者得無窮無盡地直面分離。

但沒辦法，誰叫我是個念舊的魂，卻又無可救藥地愛著旅行呢？

身邊的朋友總會好奇地問：「你的背包爲何永遠都那麼重？」

「電腦、單眼、書，還有很多有的沒的，不知道什麼時候會用到，所以全都帶上。」

我總是這樣笑著回答，沒說出來的，是每當我轉身而去，離開一座島，離開一個人時，也會有一部分的它們留下來，成爲我的重量。有些情緒得以消化，但有些回憶揹在肩上，沉甸甸的，卻不曾放下。

要成爲眞正平靜的人，始終不是一件容易的事。

眼前的潭水其實不過是海水遠走時，來不及跟上的遺留物。不比大洋遼闊，也不氣魄，但它也將錯誤活成了一種幸運，不再全力追趕誰，又爲誰全然拋棄。

偎身燈塔旁，找回屬於自己的寧靜，自然而然地，從此擁有燦爛的光。

Leave Me at Blue
#2

　　在離島度過的幾天，照慣例全住進了青年旅館。

　　事先在網路上預定的背包客棧服務熱情，出發前便傳來多條訊息，一會兒提醒攜帶盥洗用品，一會兒說明暈船藥的重要性，也羅列活動清單方便客人預先報名。由於自己這趟旅行沒有太多計畫，因此只約定好碰面時間，至於情節遭遇就交給旅行本身去安排。

　　船隻靠岸後不久，便見到一位身著青旅字樣 T 恤的女孩熱情迎接。年輕的她肌膚黝黑，舉手投足間充滿活力，說不準上一秒還在海裡優遊，下一秒就騎著機車載送客人來往。水上水下的生活，看來同樣精彩忙碌。

　　入住的青旅位於島嶼最熱鬧的區域，但在風大雨多的淡季來訪，其實稱不上熱鬧。街道兩側多數的店家鐵門深鎖，又或是任意更改營業時間，讓我撲了幾次空，只能摸摸鼻子自認倒楣。慶幸的是青旅對面就有便利商店，儘管物價因為運費略有調漲，至少還能一解時不時的口腹之慾。

　　離島看似不便，但也只是從我們賴以為常的習慣評斷。也許大自然的豐實能彌補物資的少缺，隨心所欲的步調更能換來意想不到的美好。沒有高低優劣之分，無從比較，這就只是生活的另一個選擇、另一種面貌。

推開房門，六人房的六張床位若全滿將會顯得擁擠，女孩卻指著收疊整齊的床面，笑嘻嘻地說道：「只有你一個人。」

不知該開心還難過，慘淡的住房率頓時剝奪住青旅交友的意義，但轉念一想，能用低廉的費用包下整間房，無需擔心早起的鬧鈴吵醒整寢，也不用在意翻來覆去時衣著是否保持整齊，甚至可以大動作地整理行李。整體來說，利還是大於弊。

青旅後方規劃有住客活動的空間，那裡有張撞球檯，不做娛樂用途時便充當起眾人共同使用的大桌。廚房和浴室緊鄰一旁，空間不大，但設備應有盡有，甚至還蓋了座小泳池，上頭懸吊起漂亮的燈飾，離島度假的氛圍營造得相當紮實。

繼續觀察周遭環境，青旅對街有間時髦的餐館。不太確定彼此間是否關聯，畢竟我時常看見兩邊的店員互相往來。某天午後無事可做，又飢腸轆轆，便決心去餐館捧個場。店內的裝潢和播放的音樂同等洋氣，充滿異國風情。身著比基尼的漂亮店員端著熱騰騰的義大利麵，走臺步似地朝我而來，不知所措的我只得暫且將目光拋向窗外遼闊的海，此刻我有充分的理由說服自己身在 Long Beach 或是 Waikiki。

　　青年旅館裡，房間儘管略顯空寂，故事還是能夠相遇。

　　離開的那天早晨，廚房裡有位正在泡茶的大姊熱情地向我打了聲招呼。眼看吐司烤好仍需要點時間，便和她開聊了幾句。

　　「你也一個人旅行嗎？」

　　「原來你是來攝影的啊。看不出來你這麼文青，還以為你是運動員呢！」

　　顯然大姊對我的身分存有嚴重誤解，來不及解釋更多，她又轉頭去向早起打掃的青旅女孩分享心得。

　　「我很喜歡這裡，其實我並不特別在意住宿環境。有時去野外，山莊條件非常差，但是那種夜宿山林，被大自然包圍的感受是無可替代的。青年旅館也有種特別的旅行氣氛，好像自己都變年輕了！」

她的旅程只有短短兩天，沒有租用任何交通工具，全靠雙腳步行。我相當好奇促使她來小島的原因，最後卻還是沒有問出口。儘管我倆湊巧搭乘同班船離開，交集也僅落在一張照片裡。下船後的她，表情認真地對我說：「我要拍背影。」

說罷，她便轉身，在碼頭上高舉右手，用勝利姿態結束旅行。忽然間，後方傳來猛烈的喇叭聲，原來我們無意間晃到了車道上，於是便著急地一哄而散，沒有道別。

她讓我想起年初時三度拜訪的東海岸民宿。靜靜地坐落在依山傍海的村鎮，那是每當我想放空自己，沉澱心靈時的絕佳去處。不過那次前往是應邀演講，當時臺下的一名聽眾也是當晚民宿的住客，年紀看似和在小島認識的大姊相去不遠。

講座結束後的夜晚，我們坐在民宿旁的咖啡廳，看著帥氣的老闆興致高昂地將電子琴搬上店後方的平臺，以陣陣浪濤聲為背景，演唱起經典老歌。再熟悉不過的旋律，聽來特別動情。身邊的大姊突然貼近我耳邊，悄聲說道：「你的書讓我痛哭流涕。我很喜歡一個人旅行，但身邊的人常常無法理解，我就也懶得解釋。」

聚會結束後，夜色尚早，和同行夥伴打算去沙灘上欣賞月光皎潔。只見大姊早了我們一步，獨自拿著手電筒，穿行整片黑暗，沒有任何遲疑地朝海邊走去。看著她堅毅的背影化作夜裡一道微弱的光，那是行旅這麼多年來令我特別感動的畫面。

隔天離開前，她沒來由地送了我一包乖乖當作餞別禮。

「謝謝你。」

直到現在，那包零食還放在書桌上，連同那個夜晚、那片寧靜的海，像是一種溫柔的提醒。不要忘記自己對旅行最初的熱愛，更要懂得珍惜陌生人給予的溫度，儘管緣分有時殘忍的短暫。

也許人與人之間永遠無法真正地彼此靠近。

心心相印，聽來像個騙局，從不覺得真有誰能完全做到重疊形影。我們不過是游移的魂，漂流的島，努力地用各種方式朝彼此貼近。時間一久，搭起的橋，會頹傾；往來的船，會覆沉。島嶼間的聯繫，建立於變化萬千的關係。一時半載的風平浪靜，無法預示數秒後的狂風暴雨；望不見盡頭的驟雨強風，也難以揭示雨過天晴後懸天高掛的霓虹。

相遇，或許是瞬間的事，但緋繫情誼，卻是一輩子的課題。

我感念著緣分帶來的奇遇，但長大後的自己，也已厭倦把所有時間都拿來觀測，千方百計地只為阻止一座浮島展開不可避免的遠離。面對潮落潮起，或許我們都該學著淡定，只要能拾起一些故事，哪怕僅是片刻須臾，隻字片語，便已知足。

「不是所有的旅行者都在流浪。」

這是小島的青年旅館牆面上，一個令我印象深刻的陌生留言。

的確，不是所有的旅行都需要背負龐大的命題，沒有非要把自己丟
到遙遠的地方才能見證成長，也從來沒人規定旅行一定要有霄壤之別的
蛻變。就像那兩位大姊，相信她們的旅程不算多大的冒險，那可能只是
日常生活以外，一條沒有偏離軌道太遠的弧線，而我備感榮幸，曾短暫
參與其中。

不單單是記得她們的故事，更要記住她們也是旅人。

隱約記得，小時候的自己很愛看雲。

　　早晨去往學校的車程裡，喜歡撒嬌地躺在媽媽腿上補眠，有時睡不著，便睜開眼望向窗外的天空。我會想著那片飄忽不定的雲是道海浪；那朵凝滯不動的雲則是座山。萬聖節要到了，雲會變成巫婆和南瓜的形狀；聖誕節不遠了，白雪般蓬鬆的雲裡自然會有馴鹿和樹圈。後來才明白，童年的視界裡，從來就沒有單純的天空，它更像塊畫布，而我能將所有對世界的理解都塗鴉其中。

Leave Me at Blue
#3

　　能和兒時玩伴花一整個下午的時間躺在公園草地，用手指比劃著天空，奔放著想像。

提出了很多幼稚的問題，然後用更幼稚的答案回應。笑聲裡，年少的我們什麼都不懂，魯

莽又笨拙，只會一股腦兒地向前衝。長大後，什麼都懂了，卻不再快樂，即便下定決心要

奔跑，卻再也找不回當時的幹勁。

　　然後打從某個難以言明的時間點起，我變得不再抬頭，注意力全放在身邊細小的瑣事

上，也停止投射所有荒誕的想法，甚至，連擁有想法都快成為一種奢侈。生活中有任何疑

問，不再靠自己想像，網路隨時能查詢解答。渴望人生速成，凡事公式化，我所奮力追逐

的，以為能緊握手裡的，其實比雲還來得虛無縹緲。

　　或許是因為離島的生活步調緩慢，不知不覺地，我竟又重新注意起天空來。

　　島上的道路彎曲撓折，山海也隨之起伏。想更接近頭頂的雲彩，於是一路爬坡，直到景致豁然開朗。意外發現一條向海延伸的步道，似乎能通往位居稜線上的涼亭，那看來像個適合放空的祕密基地。已經忘記自己有多久沒像現在這樣，悠閒地翹著二郎腿發呆。正大光明地浪費時間也無所謂，甚至還覺得理直氣壯，畢竟平時生活不也被無聊的人事物浪費著。

　　登高望遠，人們總是這般說，好像非要攀上一定高度，才能盡覽遠方的事物。換個角度思考，當事物都能褪下世俗的外衣，生活拿掉複雜的濾鏡，一切回歸單純模樣時，其實無需登高，便能望遠。在遠離繁囂的地方，視線遼闊了，自然就能望見遠處的事物，那不是成就，不是虛名，而是天空，是蒼穹。

前陣子，在書店找到一本介紹雲朵的科學書籍。作者雖然在講述嚴肅的自然知識，卻提出許多有趣的想法。他說，要能了解天氣變化，就必須學著和雲溝通，聆聽雲的心聲，以對雲的愛為基礎來感受雲的心情。乍聽之下有些不可思議，但對於二十幾年前的我來說，這就是與生俱來，再簡單不過的道理吧。

返程途中一路跟隨的，除了不斷拉長的身影，還有朵正緩緩匯聚、壯大規模的積雨雲。我一面加速離去，一面揣測它的心意，或許今夜小島將下起一場狂亂的雨。

果不其然，凌晨時分雨聲嘩然，把我從那七顛八倒、亂糟糟的夢裡喚醒。揉了揉雙眼，懵然地望向時鐘，這夜才剛走了一半。推開房門，青旅大廳鴉雀無聲，撲克牌和玩具散落桌面，快樂像是戛然而止，沒能來得及收拾。拉開一旁的窗簾，天空正為黑暗占據。我試著睜大雙眼，但除了滂沱，什麼也看不見。

年少時喜歡看雲，長大後只懂得看雨，卻不是盼著它下，而是希望它停。

但雨終究是雲所攜，也是雲的延續，落在地上，淹成了海洋，也成就了島嶼。

有時渾身溼透地淋一場雨，反而覺得找回了和天空之間的聯繫，似乎順著那條線，就能走回曾經的自己。天馬行空的想像還在，無所畏懼的熱愛也還在，於是我鬆了一口氣。

只是遙遠，而不是遙不可及。

藍色，是我最鍾愛的顏色。

喜歡雨後天空，清新的藍，也喜歡遼闊大海，深邃的藍。唯一不喜歡的，可能只有生活裡不時出現，悶藏心中，那象徵憂鬱的藍吧。

小島上的往來全仰賴環島公路。繞上一圈，約莫二十公里的距離不算長，但要是騎腳踏車或步行，還是辛苦了點。最舒服的移動方式當屬騎乘租來的車，悠閒愜意地依海而行。哪一處的藍蠱惑了當下的心，便情願無悔地醉倒在風景裡。

出發前，我特意用手機拍起青旅牆面的旅遊地圖，它詳盡地標示了景點的位置以及彼此間的距離，讓初來乍到的自己能先行培養方向感。隨著繞上幾圈後，我也慢慢找到了一些自己喜愛的角落。

Leave Me at Blue
#4

　　島嶼的東邊少有聚落，其中一座小漁村由數座古厝建築組成，建材多半選用就地取材的咕咾石，是早期島民於此開墾的證明。隨著住民遷離，這裡逐漸成為被遺忘的廢墟。儘管荒涼的美在多年後引起遊客關注，卻再也留不住誰了，只能將自己坍圮的身影映入一張張底片裡。

　　不過大自然的力量總能改寫故事結局。不僅讓人去樓空的老房爬滿綠意，重現生機，也造就鄰近海灘的巨石嶙峋。浪濤拍打至此，也像回到熟悉的岸。激動的心情翻騰起巨大的浪花，讓空氣裡黏乎乎的，都是捨不得散去的水霧。

　　漁村遺址不遠處，有座天然形成的海蝕洞，據說已經變成新興的打卡景點。慶幸當我踏著銳利的珊瑚礁岩，小心翼翼地前往時，洞穴剛送走一批遊客，讓我得以靜享整個空間。爬上洞內最為高聳的岩石，不發一語地盤坐上頭，把所有聲音都留給大洋去表現。方才的好天氣，不知不覺間已轉陰，連帶抹去了部分色彩，灰濛濛的海如今看來心事重重。

　　我想，對於曾居住在漁村的居民來說，眼前的海便是所有一切吧。

　　生活源自於海，日子也還之於海，儘管因為各種原因，村民選擇離開了這裡，遠赴別處另起爐灶。他們之中，是否有人會偶爾想起這片海？是否曾偷偷地返回探望？是否對包容一切，也給予機會的這片海，有那麼一絲絲的愧疚感？留在他們記憶裡的那片藍，又會是何等模樣？

空無一人的海蝕洞不願應答，而我繼續出發，一路騎行來到島嶼東南角的溫泉勝地。

許多人爲此專程前來，不僅因爲海底溫泉實屬罕見，更因爲絕佳的地理位置，使其坐擁壯觀的日出景致。只可惜最具代表性，緊依大海而建的浴池正逢淡季整修，泡湯頓時少了些震撼的臨場感。設施旁有條木棧道，我拖著熱呼呼的身子，爬到海岬上的大草原。眼前綠草如茵，綿延無邊，據說天氣晴朗時，還能望見更爲遙遠的離島。

路徑的末端，通往海岬深處。只見那裡羊群忙碌，正大飽口福，爲此不惜攀上危險又崎嶇的海崖。而我隻身一人，走到步伐所能企及的盡頭，望著大海與天空接連，眼前的世界只剩下一片純粹的藍。我試著調整呼吸，清空雜念，感覺到周遭漸漸地緩慢下來，而我也遠離了塵囂，甚至離開了自己，恍若擁有回溯時間的能力，在廣袤的海洋裡逆流行船，一路撈著記憶，重返旅程的原點。

那是一個對文字備感興趣，也對寫作懷抱憧憬的高中男孩。

剛接下校刊社主編職務的他，一邊得顧好課業，努力背誦那些怎麼也記不住的數學公式，一邊在學校辦公室裡，挑燈夜戰地趕著即將送印的校刊。他記得陪他趕稿的學務主任，小小的加油字條上有著大大的暖意，他當然也記得出刊那天，在資源回收場裡所撞見那些疊滿垃圾桶的心血。他有點想哭，卻忍住了眼淚，只是在心裡告訴自己，總有一天，會有人懂得欣賞。

長大後的男孩，沒有考上嚮往的英文系，反而誤打誤撞地走進一門嶄新的語言。他並不排斥，儘管起初有點遲疑。在跌跌撞撞的求學過程裡，對世界的熱忱也愈趨強烈，直到某天，他揹著下課後沉重依舊的背包，來到陌生的書店，在一疊書本中隨意瀏覽到的名字從此改變了一切。他大膽地毛遂自薦，而幾個月後，一封字數不多的回信給了他最想要的答案。

為了圓夢，男孩用盡所有腦海裡的詞彙和語句，去記錄旅行歷經的每個瞬間。他記得書架上出現自己名字時的感動，也記得簽書會那天，外頭狂烈的雨幾乎要澆熄他的期望。那不是一次太成功的嘗試，儘管所有重要的家人朋友都到了現場，但他仍默默地對自己說，他遠遠不止如此。

　　一年後，滿懷期待的男孩，帶著更為豐富、更多字數的故事，意欲捲土重來，卻接連被各種閃亮的招牌拒絕。吃過無數次閉門羹後，灰頭土臉，信心全無的他，又回到熟悉的地方。那個開啟他文壇之旅的名字又給了他一次機會。兜兜轉轉大半年，當貳作順利出版，他記得看見簽書會人潮洶湧時的快樂，記得伴隨而來的大小邀約，也記得自己南征北討跑活動時，總是孤身一人的落寞，於是他的心裡萌生了離開的念頭。

　　又過了三年，早已不可同日而語的男孩，念在舊情，依舊選擇將三部曲的末章送回最初的岸。

　　年紀漸長，不再像甫出道時能過目不忘旅途中的每一瞬風景，但他當然記得作品登上書店暢銷榜的感動，也記得製作過程中的所有爭執與不解，更記得在泥沼中對自己伸出的援手，於是他終於下定決心，轉身離去。

　　六年，不算太漫長，卻足以使一個男孩長大。

　　心裡的怨言有多少，相對地，感謝就有多少。在男孩化身海浪之前，也是因為有一片海，定義著他的起點，給予他動力，那是記憶裡永遠不可取代的蔚藍。

雨走了，雲還在，但天空也透露些許光芒，點亮了海洋，更讓大地一甩陰霾，慢慢找回失去的色彩。抬頭望向天邊，晚霞正要燦爛，儘管如此短暫，卻不是結束，對於遠在另一端的世界而言，白晝即將到來，才正要精彩。

　　不知不覺間，通往鬧區的道路只剩下微弱的燈，某些地方甚至陷入一團漆黑。我並不顧慮，更不恐懼，因為我已深切地記住來時的每一步路，每一句傷人的話語，和每一個溫暖的擁抱。

　　我已將所有的徬徨與迷惘都留在原點，再次勇敢地啟程，往下一片海。

The Greatest

The Greatest
#1

午後時分，天光仍盛，卻已開始將身影逐一拉長。

日落之前，走過濱海城鎮的街道，此時此刻，散步就是最正經的小事。

並不是多遙遠的地方，從市中心乘搭捷運過來，也就一個鐘頭以內的車程。

可以這麼說吧，幾乎每個在這座城市長大的人，生活裡都有關於河流的記憶，無論居住在哪個區域，都不會離它太遠。日子一路迤邐，生活也宛如河道曲折離奇，最終都在日暮時分奔湧入海。沿著河岸而建的老街，也是城裡人想看海時最方便到達的地方。校外教學、戀愛約會、週末家庭、蹣跚伴行，故事總繞不開這裡。久而久之，大家也養成規律，擁有自己屬意的散策路線。

好比我喜歡先到渡口，爬上鄰近大樓裡狹窄的樓梯，往頂樓的茶館而去。

河岸總歸是熱鬧的。渡口前排起長長人龍，正欲乘船往左岸前去，但抬升了高度，喧譁也被留住。露臺上一排長桌坐擁美景。雄壯的山，婉約的河，組合起來就是百看不厭的經典風景。

茶館裡標誌性的飲品，是自學生時代起便熱愛的奶蓋茶。猶記得當年下課，就愛和三五好友往茶館去，不知道是現在店舖少了，還是我們都已不再年輕，似乎也只有回到海邊，才會想著重新回味。原來所謂的長大，就是慢慢脫離曾經的習以為常，忘記簡單，背誦起複雜。以前總覺得奶蓋茶口味重了點，現在嘗來卻覺得有些甜。可能是生活變鹹，也可能是味覺改變，又或許是因為這裡離海不遠，風也捎來了不少鹽。

繼續順著河岸走，經過一間連鎖咖啡館，那也是心頭愛店。

兩層樓的建築並不算高，卻因為沒有視線阻擋而顯得風景絕佳，望出去的海比方才來得遼闊。店內座位充足，遊客自然也不少。雖然面朝大海寫作，聽來浪漫，但這裡多半時候高朋滿座，吵吵鬧鬧的，實在不太適合工作。但話又說回來，都已經來到海邊，還老想著工作的事，倒不如帶上幾本好書，坐到戶外，在海風吹拂裡自在閱讀。

　　還有點時間，我轉進巷陌，沿著不起眼的臺階越過天橋，朝隱身斜坡之上的老宅前進。地勢起伏的小鎮尤其適合散步。慢慢地走，慢慢地看，或許不會得到什麼，至少也不會錯過太多。

　　距今近九十年歷史的老宅，不僅是當地最早接用自來水的民宅，建築風貌也充滿異國風情。從走進宅邸開始，車寄、玄關、取次、座敷、寢所等空間設計原汁原味，毫不敷衍。若從老宅的緣側，也就是類似陽臺的空間向外望，同樣能遠眺山河。可惜的是，鄰近的新建大樓稍微屏蔽了部分視野，但來到這裡依舊不會空手而返。民宅旁巨大的樟樹，枝幹挺拔，綠葉婆娑，夏日能乘涼，冬日能避風。大樹溫柔地庇蔭宅院，宅院細心地收藏回憶，緩慢地生長，平淡地老去。

再次走下坡，這回得續行棧道，往燈塔而去。

雖說是燈塔，卻和印象裡的模樣不太相像。遠遠地看，似乎更像座年久失修的塔。倘若翻開厚沉的歷史，它的前身可是島嶼上最古老的燈塔。初建於兩百年前，當時塔高僅有四尺，並且使用油燈照明，因此需要專門雇用一名工人負責看管。日落點起，日出熄滅，對於科技便捷的現代來說，已經很難想像如此儀式感地過著日子。後期遇上戰爭損壞，遷址重建，今天的新塔高約三十二尺，由鋼架建起。外觀雖已老舊，目前仍保持運作，對於駕駛舢舨航行的漁民來說，仍是不可或缺的指向。

若是走陸路而來，往燈塔去的途中人跡罕至，可謂荒煙蔓草。

幾年前，我也曾半信半疑，膽戰心驚地來過。這回再訪，燈塔完好未變，野徑依舊難行，反倒是一旁河口正在修建橫跨兩岸的大橋。放眼望去，各種工程機具、鋼筋水泥，使得這裡不再適合觀賞夕陽。新建的大橋主塔高兩百餘尺，幾乎是燈塔的七倍高。完工後，往來河岸更加容易，經過的人流也許變多，但移動速度也將加快，還會有多少目光停留在燈塔上呢？它顯然不在意，直到卸下任務的那天，仍會日復一日地照亮需要它的地方。

走回棧道，暮色漸濃，沿途匆忙的步伐也逐漸消停。

持續了整天的晴朗，換來一輪幾近完美的落日，像有預謀般，不偏不倚地將所有餘暉倒向工地，也灑入河面。此刻，無論你是悠揚的，還是緊湊的，都只能臣服在夕照裡。火紅的太陽落得乾脆，那是連怪手都吊不起的重量、留不住的豁達。反倒是晚霞總愛留戀，遲遲地不願散去，或許是因為海面上有幾艘貨船載浮載沉，正要出航。帶不走燈塔的光，至少記住有片暮靄，那裡就是家的方向。

這永遠是一天當中最絢爛的瞬間，卻也是最矛盾的時刻。給了眾人所有色彩，又在短短幾分鐘內全數收回。日落見多了，漸漸地也讓我們明白，有些事情既無法預測，也無法擁有，只能期待，只能緬懷。

刻意前往的，不叫人生；特意浪費的，不成風景。

蜿蜒之後，日落之前，或許我們都該調整腳步，姿態漫行地享受即將到來的終曲。

別等到完全沉沒了，才發現回憶和自己，一个小心全都蒼茫了。

The Greatest
#2

凜凜多日，著實把島嶼的北方和南方活成了兩個世界。

驅車往海邊去的路上，脫掉厚重的羽絨外套，就像卸下一份負累。此刻我不再需要透過壓縮衣物，緊閉空間來獲取溫度。陽光灼烈，毫不羞赧地照映上身，臉頰有些溫熱，若搖下車窗，就連風都是暖和的。真難想像，此時此刻我居住的城市正下著冷雨，潮濕又陰鬱，鼻息之間沒有空氣，只有窒息。

仍是冬天，種種跡象都訴說著，這仍是那個令人傷感的十二月。

客廳裡的月曆撕來輕薄，但展望來年，心裡卻是沉重。手機裡的聖誕簡訊沒能來得及讀取，馬上又要互道新年，要是再不回覆，春節都近了。電視機裡仍持續播報著冷冰的數據，但說的人和聽的人，似乎都顯得毫不在意。

結束一連數天的外地演講後，我已輸出太多詞彙，幾乎要掏空身體裡的所有故事情節。

北返前，決定把握日光晴朗開車兜風，帶不走南方的太陽，至少存些溫度回家。離開市區後，窗外的風景轉換得劇烈，愈靠近海邊，愈不見樓房，視線右側總被一座又高又長的堤防阻擋，但至少左邊還有一整片綠意盎然的森林。

這片森林並非偶然，存在於此有其任務和意義。

早期為了防風定沙，人們在海埔地上計畫性地廣植林木。隨著時間推移，樹林愈發茂密，也養成新的生態系，改變了本來荒蕪貧瘠的風景。由於位置緊鄰大海，造林之初，為了減低土壤裡的鹽分，便在廣大林地內挖掘渠道，引入溪水，後來蔓延形成沼澤，便有了今天水木相映，平靜淡然的景致。

森林的邊緣有座小型湖泊，雖被人們冠以夢幻之名，實則為一蓄水空間，最初用意也僅是調節防風林的用水。由於位置隱密，交通不便，湖泊鮮少有人造訪，也讓這裡逐漸演變成生物的樂園。

湖泊旁還有座觀景臺，從外觀來看並無特別之處，很難想像，它的前身竟也是座燈塔。為了指引河海交接處的船隻航行，這裡曾有座方錐形的鋼塔。但隨著不遠處建起高聳的焚化爐煙囪，功能被取代後也正式走入歷史，僅留下混凝土基座，並改建成今天的平臺。

將車熄火後，我沿著一條泥土小徑，躡手躡腳地走進森林。

　　擋住了外在的喧鬧，樹林裡顯得份外安靜。偶爾一陣輕風拂過，枝頭綠葉落入水面，倒也不急著漂流，自顧自地隨著水圈打轉起來。沼澤並不透澈，一眼難以望穿，但我知道裡頭正孕育著無數生命，一如這大地靜謐，卻早已在各處角隅埋進春天的身影，即使無法看見，卻已種下期盼。

　　「我們不必嘆息，我們出去，用微笑，坦然把胸懷對著大地，對著自然，鳥囀，魚喋，樹葉如何沙沙搖動，水流如何悠悠逝去。就是這些，這些是屬於我們的，我們拭乾了淚，抬頭看雲彩在高大的樹幹間游動。我們要認識這世界，不是讓世界來認識我們。」

　　眼前的畫面令人聯想起楊牧老師的文字。雖然是渾渾噩噩的一年，但我依然在這座島嶼上見證美麗，也連帶把碎了滿地的心重新撿起，或許還未能拼起，但至少找仍在努力。

　　四季遞嬗，風物更迭，無論這片樹林當初被寄予何等使命來赴世間，如今都已發芽苗壯，長成一片茂林，開創新的家園，種下新的夢想。不再只是為誰遮風擋雨，也孕生出更多的自己。

駕車離開前，我好奇地爬上堤防，大海就近在眼前。

風果然極其強烈，教人快站不住腳、睜不開眼，與森林是如此不同的兩個世界。

但我不願再等待，也不願再安逸，

我知道自己終要回到這裡，如此確定，深信不疑。

The Greatest
#3

生活裡似乎已積累太多鹹，卻還是執意要去看鹽。

　　倒也不是追本溯源地從引水、蒸發到結晶，鉅細靡遺地參與整個流程，而是直接跳到結局，看曝晒後的成品堆疊成丘，浮誇一點的，能成山。坐落於綿延晴空之下，便是西南沿岸特殊又美麗的景致。

　　原來所有看似渺小細微，不足齒數的事物層疊而起，竟也是舉足輕重，難以忽視的龐大。

　　不再將它單純視作味覺，而是當成風景，不去品味，只遠觀。這不僅是對鹽的另種理解，也提點著我們，若能將生命中的所有鹹，看作途中必經的風光，似乎才能從容不迫，豁度地迎向暮色蒼茫。

　　小島潮濕多雨，並非晒鹽的絕佳條件，但憑藉先人的智慧，仍然發展出一套技術傳承至今，但更多時候仍需環境加以配合。除了主體的海水以外，土地和陽光，甚至季風都是製作過程裡缺一不可的情節。攤在手裡，僅顆粒般大小的鹽，卻承載著大自然廣袤的記憶，其中當然也蘊含四季。

　　春夏鹽花，冬日霜鹽，不同時節的氣候，影響著鹽的特性。至於秋天則因爲颱風多雨，多數地方都會暫告停產，鹽民們也能利用空檔整理鹽田，等待雨過天晴後的重新開工。

　　製鹽雖然有著悠遠的歷史，但今時今日仍在堅持傳統工法的場域已相當罕見。

　　目前的鹽田，多半轉爲觀光導向，其中又以棋盤格狀的瓦盤鹽田來得最爲吸睛。顧名思義，結晶池由瓦缸片鋪墊而成，由於材質本身容易吸收太陽輻射，所產出的鹽粒顏色潔白，較爲精細。但對於遊客來說，鹽的種類多元，不易分辨。好不容易來到這裡，倒不如登上田邊三層樓高的觀景臺，將周遭風光盡收眼底。

有時也會好奇，離開了田，這些甫製成的鹽，究竟會往哪裡去？

它們將融入哪種文化薰陶的菜餚，溶於誰的舌尖，又將帶著怎樣的故事情緒，撲簌簌地落盡？

沒有答案，就像我們永遠無法得知旅途的終點。總是天真地以為自己能主導情節，其實一直是旅行有意無意地在揀選我們的人生。

我們也許不懂製鹽，但我們都擅長流淚。

開心或悲傷，生活裡總有哭泣的時刻，而滾落的淚珠裡，儘管微乎其微，多少也存在著鹽。

想起身邊有位視背包客為畢生志業的朋友，他的行囊總是掛著一枚徽章，上頭寫著「背包客到世界末日那天」。很難想像如此熱愛流浪的他，有一回卻垂頭喪氣地說不想再旅行了，只因為厭煩在途中得不斷地與人道別。

　　確實，對於長年羈旅的行者來說，走過的路有多長，經歷的告別就有多少。

　　但或許是長大了吧，如今的我已不再想著強留住什麼。與其哭哭啼啼，倒不如轉換心境。說得出口的，就當作祝福；說不出口的，或伸手擁抱，或埋藏心底。

　　要是真不小心墜落了，那一點點遺落的鹽，就當作閱歷的積澱，旅程的紀念，不過如此而已。

The Greatest
#4

　　往荒蕪去的路上，把所有繁華都拋下，並在那裡重新拾獲生活的光。

　　既然曾在島嶼最東端，開闊的大海面前迎接曙光，這回就換個方向，奔往極西點，送別一片夕陽。

　　最近，常常沒來由地感到恐慌。可能是疫情使然，又或是因為距離而立之年已不算太遠。

　　偶爾會想起當年那個青澀的少年，剛揹起背包時，總是期待著尚未抵達的遠方，與那些刻骨銘心，卻又注定無法留住的風景與相遇。勇敢的他，滿腦子只想著出發。在最應該肆意奔放，不畏跌傷的年紀，是否真切地活出了自己的期望？多年過去了，我現在的輪廓，又是否還容得下曾經的他？

　　世界變化得好快，有時感覺都跟不上。

　　以前家庭自駕出遊時，椅背後總有本地圖集，需要我們在後頭報路。現代人擁有便捷的網路，卻喪失查找地圖的能力，有時就連最簡單的方位都難以分辨，更遑論自己的方向。

小學校外教學時，總愛帶上 CD Player 和整疊唱片，只爲了在遊覽車後座與同

學分享心儀的歌曲。現在所有事物都存在於網路，搜尋功能方便又強大，卻感覺日

子裡不再有強烈愛上什麼的慾望。

剛考上大學時，朋友們興沖沖地成立臉書帳號，原本不屑一顧
的我，未曾想過轉瞬間，所有人的生活都已被社交媒體狠狠地制約。

不只是世界，就連人也轉變得猛烈。

童年的摯友，已無多少留在身邊。出社會後認識的緣分，一半
相敬如賓，一半魯莽無禮。共同的是都喜歡在搗亂秩序後頭也不回
地遠去，帶走了一部分的自己，永遠留在嘴上飯後茶餘。有時真的
厭倦過多世俗人情，開始覺得或許被丟下也是種解脫，更是幸運。

這充滿苦痛的一年，迫使我學習斷捨離的課題，也正是這時，我重新把自己放
回大自然裡。

有時記起生命的美好，便奔往山間，追著繁花似錦；有時定心終結一段關係，
便來到海岬，將所有紛擾拋擲入洋，讓生活中百孔千瘡的情緒順應著島嶼變化多端
的地景。而此刻來到的極西端，相較於其他三極點，幾乎是最荒涼的存在，也像這
一年來多數時間的心理狀態。

沒有規劃良好的步道設施，放眼望去只有貧瘠。

人們於此建起方形鐵塔造型的燈塔，在一旁的濱海沙洲襯托下，顯得格外滄桑，
卻也盡顯偉大。雖說是沙洲，但面積遼闊的它，無邊無垠，遠遠地看，近似沙漠。
風暴烈地吹，恍若要摧毀一切事物。行走其中，任何邁開的腳步都受到百般阻攔。
好不容易攀上一個坡，卻發現尚有更高的沙丘等在前頭，漫天風沙裡，似乎有著無
盡的追尋。回首一望，已無來時路，全都消失得無蹤無影，什麼也沒能留下。此等
景致，不禁令人自疑，究竟為何啟程，又到底該往何處去？

越過堤防，躲往灘岸，不僅能暫避風沙，恰逢日光將落，還能觀賞最後的夕陽。

海灘上杳無人跡，卻散落著解體的舟筏，看來像是一趟未能如願的旅程。但重新拾回初心，盼到適合的時機，或許那也會是一趟叫好叫座、精彩絕倫的征途，只是現在的我們，仍需要靜心等待。

我偶爾會在隻身踏上的旅途中，感念一些對自己影響深遠的人們。他們之中有些仍走在行旅路上，有些則早已奔向遠方。漸漸地我也明白，最盛大的從來就不是晚霞，而是晚霞面前堅毅無比的生命。

好比 Chris McCandless，我從未在任何演講場合提過他，是因為覺得年輕朋友們應該靠自己去認識他的故事。拋下一切對物質的追求，他隻身遠赴北方荒野，只為過上一種離群索居、孤獨至極的生活。雖然旅程結局是個悲劇，年僅二十四歲的他疑似因為食物中毒，使得短暫的生命戛然而止，但他的精神卻早已深深地雋刻在每一個嚮往掙脫束縛、渴望自由呼吸的靈魂裡。他的經歷被寫成著作，也改拍成電影，最令人無法忘懷的則是他所留下的格言：「唯有分享才能帶來真正的幸福（Happiness only real when shared）」。

孤獨不該是結局，但必須是途徑，方能成就偉大的生命。

　　我希望旅行賦予的所有遭遇，都能被著實地感受，並在生活裡占有一席之地，所以出發時，習慣只帶上自己，只爲清楚地記得走過的每一哩路。

　　那入冬的冷雨夜，我曾在僻靜的湖畔，與博學多聞的作家前輩跨越時空般地對話；曾在夏末秋初之際告別一個季節、一輛列車，和一些如今想來已不在意的人；也曾在走入森林時，爲晨曦喚醒，被大地救贖，一個轉身後卻又栽進迷離雲霧；更曾在小島的岸邊，憶起職涯點滴，找到重返路上的勇氣。

　　我樂於將旅途情節敘寫成文，與眾人分享。但在讓誰念念不忘、熱淚盈眶之前，得先聽從內心，逆著日光，化身爲一道剪影。那是二十七歲的我，在世界上所找到最自在的狀態，最舒服的距離。

　　熱愛獨處，不是孤僻，只因爲有些題目只能靠自己去釋疑；有些孤寂也只有自己能看盡。

天光將要消退，夜晚的到來模糊起所有事物的界線，是非不分，好惡難明。

沙漠緊鄰著海洋，僅有一線之隔，卻是兩種截然不同的樣態。一個孕育生命，一個埋葬生命，都是手裡留不住的事物，也都令人深深著迷，一個卻能徜徉，一個只能迷惘。

我感覺自己是有些使命的，無論身為一名旅人，還是一位作家。堅持過，也妥協過，慶幸年少時喜愛的事物多半都還圍繞身邊。不甘心做一粒漫天飛旋、毫無主見的沙，寧願在不合時宜的環境裡成為一座孤傲的燈塔。無心照耀身邊的荒漠，而是用渺小又堅定的力量，將目光投向海洋，只為點亮更多海浪。

也許有一天，燈熄人散，但願也能隱約記得，誰曾微微綻放的鋒芒。

那是孩童時期醞釀的夢想，是年少時代追逐的嚮往，是漫漫途中一路相隨的光。

照映上任何情節，顯現的都是故事本身的不同面向。豐盈的、殘缺的、平淡的、精彩的，都是最真實，也最孤獨的片刻。無從計數，無以名狀，那都是旅行的形狀，也是一個旅人，真真切切，活過的模樣。

「Live fast, die young, be wild, and have fun.」

———————————————————————————— Ride, Lana Del Rey

Bonus

Planetarium

「有時我會這麼想，或許不只是我們在看星星，星星也在注視著我們。」

那是七年前的夏夜，我和幾位朋友，冒著生命危險前往雪域之巔，只爲抵達世界最高峰的基地營，親自看上一眼它巍峨雄壯的身影。

無法忘記漫長車程裡整路顛簸的痛苦；難以忘懷一陣不知從何而來，遙遠卻溫馴的風，擺動起四周掛的經幡，當天邊暮色照映山頭，一切看似將要作結，又迎來整夜璀璨的星空。

海拔 5,200 公尺，或許是這輩子所踏上最接近蒼穹的高度。

不必擔心任何光害，只要走出帳篷，抬起頭，映入眼簾的便是繁星滿天，銀河高懸。那樣震懾人心的絕美教我說不出話來，也許是情緒過於滿溢，要是找到宣洩的出口，便會惹得滿面淚流。又或者，在浩渺無垠面前，即使潛入辭海，翻遍語言，也找不到任何詞彙能形容瞬間感受，反而只會破壞此刻的純粹。於是我們整夜緘默，直到身邊的友人淡淡地先說出口。

後來，再也沒能看過那樣美的星空。

但每當想念宇宙，我便會來到城裡的天文館，躲進圓頂式的劇場，那是我從小到大都深愛不已的角落。規矩是這樣的，先播放一部大約四十分鐘的科普影片，範疇不設限於天文，任何主題都有所涉獵。印象中曾放映過古老文明、動物生態、人體器官等無數內容，對於孩提時期的我來說，這裡便是望向世界的窗口。

當影片播畢，所有剩餘的燈光都將熄滅，整座劇院陷入伸手不見五指的漆黑。緊接著，劇場中間的星象儀開始運作，依照當令時節，投影出整片星辰。這時，解說員也會拿起雷射筆，耐心地教導大家認星。春季大鑽石、夏季大三角、秋季大三角、冬季大橢圓，這些詞彙聽過不下百回，卻始終無法靠自己連線，得要解說員提點。就像我總是記不全北斗七星的中文姓名，永遠都會漏掉天璣和天權。但反反覆覆的學習，還是有些幫助，至少無論身處什麼季節，我都確信自己能夠找到指引方向的北極星。

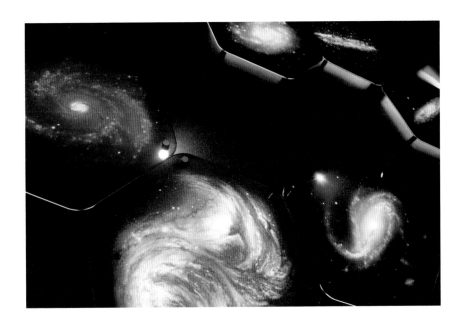

　　長大後，關於宇宙，也有了更多認識和理解。

　　知道全天肉眼可辨的星星共有 6974 顆。儘管很難想像，但真有如此浪漫的天文學家，不畏辛勞地將天上的星星全數了一遍。也知道哈伯定律是奠定現代宇宙學的基本定律。更知道為了探索未知的邊界，人們屢屢朝著夜空飛行，並在四十多年前，分別在航海家一號及二號探測器上置入一張唱片，記載著地球上的聲音、樂曲，以及來自不同語種的問候。但即便做了這麼多努力，天幕卻未曾給予回應。隨著人們在科學領域不斷拓展，愈是認識星空，卻反而愈加寂寞。

　　好比一個關於宇宙的基本知識，便是星系奔離。

　　天文館裡的展示版是如此介紹的：「我們的宇宙不斷膨脹，宇宙的膨脹沒有中心點，從任何一點觀測其他星系，彼此都相互遠離。」

　　也許現代社會發明了網路，定義了快速，用盡一切努力，只為縮短距離，加緊速率，留住生命裡的每次相遇，但終究無法改變打從宇宙誕生以來的既定事實：萬事萬物，終在相離。聽來悲傷，卻也造就了每天每刻所望見的星空都是獨一無二的，即便那些變化來得微不足錄，需要仰賴精密的儀器才能察覺。

　　舉例來說，最容易在夜晚認出的北斗七星，隨著各星球朝著不同方向，以不同速度移動，再過十萬年，現在所認知的形狀也將不復存在。時間高深，宇宙奧祕，人們最搞不懂的兩件事情，卻主宰著我們短暫的一生，影響著我們立起的社會與文明。儘管終將遠離，面臨失去，但我們光是能存在於這裡，就是無比的幸運。

人際關係裡赫赫有名的六度分隔理論（Six Degrees of Separation），意味著兩個互不相識的人之間，最多只需要六個人，便能搭起連結。那麼，倘若加進星空，我們是否又離彼此更近了一些呢？

只要我們都曾在蒼茫夜空裡，望向同樣的星，無論那是天狼，抑或織女，是不是也意味著我們之間，遠到未曾相識，卻又近到只隔著一顆星星呢？儘管那樣的距離得以光年算計，但光是能和你在變幻莫測的世界裡，有幸看過同一片天空，這已是緣分最好的證明，哪怕我還沒能遇見你。

熱愛孤寂與天性浪漫，並不是兩件衝突的事。

或許在喜歡仰望星空，又渴望探索的靈魂身上，你就能找到巧妙的平衡。

話說回來，如果從小到大仰望的星空總是注視著我，那它應當也見證了一個男孩的成長。

當燈光暗下，彷彿可以看見童年戶外教學的我，在情竇初開的年紀，偷偷牽起鄰座同學的小手，懵懂的愛情正要萌芽。似乎也能見到求學生涯裡那些曾一路相伴的朋友，如同流星般劃過彼此的天空，又各自行旅。出社會後，我還是常常回到劇場觀星，但現在陪伴自己的，似乎只剩下無從答起的問題。

我是誰？我從哪裡來？我要去哪裡？

倘若星河眞能給予回應，或許也接收不到答案吧，因爲人與星星之間實在隔得過於遙遠。

就好像航海家一號及二號，儘管它們的旅程始於四十多年前，在我尚未誕生於這個世界之前便已開展，但直到寫下這些文字的此刻，它們也不過才剛飛離太陽系，距離最靠近的恆星、最有可能存在生命的地方，還有無比漫長的距離。倘若眞的抵達了，人類也許已不復存在。或許這樣的旅程，目的不在探索，而是爲了在浩瀚星海裡留一個活過的證明吧。

「有時我會這麼想，或許不只是我們在看星星，星星也在注視著我們。」

事隔這麼久，我再也沒機會回到那座山，偶爾卻會想起那個夜晚。

那年我們二十一，畢業在即，帶著無畏的勇氣，奔向寬闊的天穹，卻在看過最高點的風景後，開始將所有積累的感動與情誼一路遺棄。失去聯繫，失去童趣，失去渴望，也失去自己，我們遠離得比任何一個已知的星系都來得快，也來得急遽。

說過那句話的女孩不久前剛步入婚姻，迎向人生新的階段。去過幾回她的城市，也在那短暫停留過，曾經共享最美的星空，如今都循著不同軌跡繼續運行。

當燈光再次亮起，星辰都滅了。偌大的劇場空落無人，原來早晨的首場播映只有自己。

但回憶宛如繁星，自始至終都在，或點綴天際，或藏在心裡。何時記起，何時忘記，也都看自己。

外在內在都是宇宙，抵達與否也都是漂流，這些道理，我漸漸地都能看懂。

也許，最極致的孤獨，就是幸福。

陳 浪 第 肆 號 作 品

旅行的形狀：影像札記
Into Solitude : Photo Diary

作者　　　陳浪

封面攝影　王晨熙
書籍設計　田修銓

發行人　　黃鎮隆
總經理　　陳君平
經理　　　洪琇菁
主編　　　楊國治
美術總監　沙雲佩
美術編輯　李政儀
企劃宣傳　邱小祐、劉宜蓉
廣告專線　楊國治 02-2500-7600 分機 1438

ISBN 978-957-10-9402-1　　2021 年 5 月 一版一刷

出版
城邦文化事業股份有限公司　尖端出版
台北市 104 中山區民生東路二段 141 號 10 樓
電話：886-2-2500-7600　傳眞：02-2500-1979
網址：www.spp.com.tw
電子信箱：marketing@spp.com.tw
客服信箱：digi_camera@mail2.spp.com.tw

發行
英屬蓋曼群島商家庭傳媒股份有限公司城邦分公司 尖端出版
台北市 104 中山區民生東路二段 141 號 10 樓
電話：02-2500-7600　傳眞：02-2500-1979

法律顧問
元禾法律事務所
台北市羅斯福路三段 37 號 15 樓

書籍訂購
網址：www.spp.com.tw　劃撥專線：03-312-4212
戶名：英屬蓋曼群島商家庭傳媒股份有限公司城邦分公司
帳號：50003021

國內經銷商
中彰投以北（含宜花東）經銷商 楨彥有限公司
新北市 231 新店區寶興路 45 巷 6 弄 7 號 5 樓
電話：02-8919-3369　傳眞：02-8914-5524
物流中心：新北市 231 新店區寶興路 45 巷 6 弄 12 號 1 樓
嘉義（雲嘉以南）經銷商 威信圖書有限公司
嘉義市 600 文化路 855 號
電話：05-233-3852　客服專線：0800-028-028
高雄經銷商 威信圖書有限公司
地址：高雄縣 814 仁武鄉考潭村成功路 127-6 號
客服專線：0800-028-028

海外經銷商
城邦（新·馬）出版集團　Cite（M）Sdn Bhd
電話：603-9057-8822　傳眞：603-9057-6622
電子信箱：cite@cite.com.my
城邦（香港）出版集團　Cite（H.K）Publishing Group Ltd.
電話：852-2508-6231　傳眞：2578-9337
電子信箱：hkcite@biznetvigator.com